Félix Mutombo-Mukendi

La persévérance du pèlerin racheté

Félix Mutombo-Mukendi

La persévérance du pèlerin racheté

Hupomonè dans l'Epître aux Hébreux

Éditions Croix du Salut

Impressum / Mentions légales
Bibliografische Information der Deutschen Nationalbibliothek: Die Deutsche Nationalbibliothek verzeichnet diese Publikation in der Deutschen Nationalbibliografie; detaillierte bibliografische Daten sind im Internet über http://dnb.d-nb.de abrufbar.
Alle in diesem Buch genannten Marken und Produktnamen unterliegen warenzeichen-, marken- oder patentrechtlichem Schutz bzw. sind Warenzeichen oder eingetragene Warenzeichen der jeweiligen Inhaber. Die Wiedergabe von Marken, Produktnamen, Gebrauchsnamen, Handelsnamen, Warenbezeichnungen u.s.w. in diesem Werk berechtigt auch ohne besondere Kennzeichnung nicht zu der Annahme, dass solche Namen im Sinne der Warenzeichen- und Markenschutzgesetzgebung als frei zu betrachten wären und daher von jedermann benutzt werden dürften.

Information bibliographique publiée par la Deutsche Nationalbibliothek: La Deutsche Nationalbibliothek inscrit cette publication à la Deutsche Nationalbibliografie; des données bibliographiques détaillées sont disponibles sur internet à l'adresse http://dnb.d-nb.de.
Toutes marques et noms de produits mentionnés dans ce livre demeurent sous la protection des marques, des marques déposées et des brevets, et sont des marques ou des marques déposées de leurs détenteurs respectifs. L'utilisation des marques, noms de produits, noms communs, noms commerciaux, descriptions de produits, etc, même sans qu'ils soient mentionnés de façon particulière dans ce livre ne signifie en aucune façon que ces noms peuvent être utilisés sans restriction à l'égard de la législation pour la protection des marques et des marques déposées et pourraient donc être utilisés par quiconque.

Coverbild / Photo de couverture: www.ingimage.com

Verlag / Editeur:
Éditions Croix du Salut
ist ein Imprint der / est une marque déposée de
AV Akademikerverlag GmbH & Co. KG
Heinrich-Böcking-Str. 6-8, 66121 Saarbrücken, Deutschland / Allemagne
Email: info@editions-croix.com

Herstellung: siehe letzte Seite /
Impression: voir la dernière page
ISBN: 978-3-8416-9862-9

Copyright / Droit d'auteur © 2013 AV Akademikerverlag GmbH & Co. KG
Alle Rechte vorbehalten. / Tous droits réservés. Saarbrücken 2013

Félix Mutombo-Mukendi

La persévérance du pèlerin racheté
Hupomonè dans l'Épître aux Hébreux

Éditions Croix du Salut

Quelques publications du même auteur :

Exégèse, Théologie, Pastorale & Mission, éd.
(Bochum, Éditions IBTB Presses, 2012)

La Théologie Politique Africaine. Exégèse et Histoire
(Paris, L'harmattan, 2011)

Le Fils de l'homme apocalyptique.
Sa trajectoire dans l'attente juive et chrétienne
(Paris, L'Harmattan, 2009)

Du mirage nationaliste à l'utopie-en-action du messie collectif.
Le cas du Congo-Kinshasa
(Paris, L'Harmattan, 2005)

Le nouveau culte de la prospérité en Afrique.
Ses fondements cosmologiques et ses implications sociopolitiques
(Bruxelles, Ad Veritatem, 2003)

Christologie des Pères Apostoliques
(Nairobi, Bantu Editors, 1999)

Herméneutique athée et Exégèses modernes
(Nairobi, Bantu Editors, 1997)

Exégèse et Théologie dans Marc. Le Fils de l'homme
(Nairobi, Bantu Editors, 1992)

A

Anne-Marie et Théophile Akplogan,
bâtisseurs d'hommes et d'églises au Bénin, au Congo et
en Centrafrique, qui ont persévéré dans l'Alliance
jusqu'à la fin dans l'attente de la Fin !

A

Christine et Dr Joseph Kabuya Masanka
qui persévèrent toujours dans le ministère de la Parole
au Bénin, au Canada, au Congo, en Côte d'Ivoire et à Haïti à la
suite de Jésus-Christ, leur Grand Pasteur !

Vous avez en effet besoin de persévérance, afin qu'après avoir accompli la volonté de Dieu, vous obteniez ce qui vous est promis.

Vous vous êtes approchés de la montagne de Sion et de la cité du Dieu vivant, la Jérusalem céleste, des myriades d'anges ; de la réunion et de l'assemblée des premiers-nés inscrits dans les cieux ; de Dieu, juge de tous ; des esprits des justes parvenus à la perfection, de Jésus, médiateur d'une nouvelle alliance ; et du sang de l'aspersion qui parle mieux que celui d'Abel.

(Hébreux 10.36 ; 12.22-24)

Introduction

Cette étude est menée dans l'Épître aux Hébreux, un livre du Nouveau Testament qui ne révèle ni son auteur, ni ses destinataires, et encore moins la date et le lieu de sa rédaction. Le problème de son genre littéraire peut se résumer en deux questions : la *forme* présente-t-elle un écrit ou un message oral, une lettre ou un discours ? Son contenu est-il celui d'un sermon ou d'un « traité » pastoral ?[1]

Sa longue phrase d'introduction, dite le « Prologue » ou « Exorde » (1. 1-4), sa doxologie solennelle (13. 20, 21), ses derniers versets à caractère plus personnel dits le « Billet d'envoi »(13. 22-25) peuvent faire penser à une lettre. Cependant, l'auteur déclare plusieurs fois qu'il parle (2. 5 ; 5. 11 ; 6. 9 ; 8. 1 ; 9 :5, etc.), et le « Billet d'envoi » présente l'ouvrage comme une parole d'exhortation, « *logos toû paraklèseôs* » . (13. 22)

Ainsi, pour plusieurs exégètes, ce texte serait, à l'origine, une prédication. Parmi eux, on peut citer Vanhoye pour qui « *du début (1. 1) jusqu'à la fin (13. 20,21), elle appartient au genre de la prédication. C'est même le seul exemple que nous ayons, dans le Nouveau Testament, d'un texte de sermon intégralement conservé.* »[2]

Mais le « Billet d'envoi » qui décrit notre Épître comme une « parole d'exhortation » dit aussi que l'auteur a « écrit brièvement » (13. 22). Tout ceci ne peut constituer en aucun cas un argument décisif, car nous savons aussi que Paul dit tantôt qu'il « parle », tantôt qu'il « écrit » (Romains 3. 5 ; 4. 9 ; 6. 19 ;... et 15. 15) dans un texte reconnu par tous comme véritable écrit de l'Apôtre. Dans ces conditions, il faut reconnaître que le débat qui semble actuellement avoir épuisé les ardeurs des antagonistes est loin d'être définitivement clos, plusieurs arguments ayant été avancés dans les deux sens.

Le contenu ne permet pas non plus de trancher nettement s'il s'agit d'un sermon ou d'un traité pastoral (ou théologique). Car d'un côté la prédication dans le Nouveau Testament réunit quasi généralement doctrine et parénèse, et de l'autre

---

[1] Dussaut L. : *L'Épître aux Hébreux*, p.285.
[2] Vanhoye A. : *Le message de l'Épître aux Hébreux*, p.7.

« la prédication, la paraclèse-exhortation est tout aussi orale (Hébreux 2. 3, 12) qu'écrite (Hébreux 4.1-10 ; 5.14). »[3]

Quant aux destinataires, l'œuvre que nous appelons, selon la Tradition de l'Église, l'Épître aux Hébreux dans cette étude ne donne aucune précision décisive, si ce n'est qu'ils sont chrétiens, comme l'auteur lui-même (cf. 3. 6,14 ; 10. 19, 20), et qu'ils semblent être des utilisateurs avisés de l'Écriture Sainte. Cependant, l'Œuvre a reçu pour titre « Aux Hébreux », alors qu'on n'y trouve aucune mention des noms d'*Hébreux*, ni de *Juifs*, ni d'*Israélites*, comme destinataires.

L'auteur est inconnu bien qu'une bonne dizaine de personnages, tout aussi célèbres les uns que les autres, soit proposée dont : Pierre, Paul, Apollos, Luc, Barnabé, Clément de Rome, Silas, Jude (frère de Jacques), Philippe, Priscille, … et même Marie (mère de Jésus).[4]

Jérusalem, Alexandrie et Antioche se sont disputé l'honneur de passer pour la destination de l'Épître aux Hébreux, selon les hypothèses de divers historiens et théologiens.[5] Mais l'Épître n'en donne aucune indication. Même la mention de « ceux d'Italie » qui saluent les destinataires (13. 24) ne résout ni le problème du lieu d'origine ni celui de destination de l'Épître aux Hébreux. La mention de « ceux d'Italie » peut en effet désigner des chrétiens originaires d'Italie qui font saluer les compatriotes restés au pays. Mais elle peut tout aussi bien indiquer des chrétiens habitant l'Italie qui envoient des salutations aux coreligionnaires en dehors d'Italie.[6]

Le problème de la date est aussi très discuté : les uns la situent avant l'an 55 tandis que d'autres la proposent entre 80 et 90, ou même plus tard encore (vers la fin du règne de Trajan, soit autour 114 après JC).[7] On constate que la Communauté à laquelle l'auteur s'adresse a déjà un passé. Celui-ci est même digne d'éloges à certains égards (6. 9-12 ; 10. 32-34), mais il reste trop indéterminé pour nous renseigner sur la date de rédaction de l'Épître. Toutefois, en dépit des

---

[3] Dussaut L., *Synopse structurelle de l'Épître aux Hébreux*, p.289.
[4] Vanhoye A., *op. cit.* pp.8-9.
[5] Héring J., *L'Épître aux Hébreux ;* p.12.
[6] Héring J., *L'Épître aux Hébreux,* p.12.
[7] Dussaut L., *op. cit.*, p.326.

pesanteurs du « présent historique » utilisé, on se rend compte qu'elle décrit la liturgie du Temple comme toujours actuelle :

> *En effet, la loi, qui possède une ombre des biens à venir, et non l'exacte représentation des choses, ne peut jamais, par les mêmes sacrifices qu'on offre perpétuellement chaque année, amener les assistants à la perfection. Autrement, n'aurait-on pas cessé de les offrir, parce que ceux qui rendent ce culte, étant une fois purifiés, n'auraient plus eu aucune conscience de leurs péchés ? Mais le souvenir des péchés est renouvelé chaque année par ces sacrifices ; car il est impossible que le sang des taureaux et des boucs ôte les péchés. […] C'est en vertu de cette volonté que nous sommes sanctifiés, par l'offrande du corps de Jésus-Christ, une fois pour toutes. Et tandis que tout sacrificateur fait chaque jour le service et offre souvent les mêmes sacrifices, qui ne peuvent jamais ôter les péchés.* (10. 1-4, 10-11).

Par ailleurs, l'auteur souligne la caducité de cette liturgie lévitique, appelée « figure du temps actuel » destinée à disparaître définitivement :

> *C'est une figure pour temps actuel, où l'on présente des offrandes et des sacrifices qui ne peuvent rendre parfait sous le rapport de la conscience celui qui rend ce culte, et qui, avec les aliments, les boissons et les diverses ablutions, étaient des ordonnances charnelles imposées seulement jusqu'à une époque de réformation.* (9. 9-10).

En plus, on ne trouve même pas une allusion à la destruction du Temple (70 A.D.). Or cet événement aurait pesé de son poids dans l'argumentation de l'auteur sur la suffisance absolue de la *nouvelle alliance* en Christ par rapport à une liturgie lévitique rendue en plus impraticable par l'absence du sanctuaire. Tout cela soutiendrait, comme le proposent Spicq, Héring, Vanhoye, Robinson, Bénétreau … une date relativement peu antérieure à la catastrophe opérée par l'armée du Général Titus en l'an 70 A.D. Dans l'introduction à son commentaire en deux tomes, Bénétreau expose les différentes positions concernant la datation de l'Épître aux Hébreux et conclut, en définitive :

> *Ainsi, en dépit des réticences de plusieurs contemporains (ainsi Braun, p.3 ; il préfère une date située entre 80 et 90), la thèse d'une rédaction avant 70 paraît solidement fondée. […] Les auteurs qui, comme nous, retiennent une rédaction avant 70 n'estiment pas, généralement, pouvoir remonter au-delà des années 60 ; ils la placent volontiers ou avant ou pendant les persécutions de Néron (64-64) ou encore dans la période précédant la chute de Jérusalem. […] En défini-*

> *tive, les seules considérations assez fermes pour fournir une base de départ et ouvrir la voie à une première approche se résument en quelques mots : une exhortation à la fois dense et pressante est adressée par un responsable d'Église investi manifestement d'une grande autorité à une communauté (ou à un groupe relativement restreint et localisé de communautés), judéo-chrétienne de façon globale ou partielle, peu avant la ruine du temple et la fin du sacerdoce lévitique.*[8]

Bien que le texte ne présente que peu de *variantes* considérables (2. 9 ; 9. 11 ; 10. 1 ; 11. 11, 37 ; 12. 1), parce que transmis par de nombreux manuscrits et bien conservé, l'Épître aux Hébreux ne s'est pas imposée de la même manière ni en même temps dans toutes les Églises. Mais la Tradition, tant en Occident qu'en Orient, finit par l'accepter. Ignace d'Antioche (mort vers 110) semble en dépendre à divers égards, tandis que l'Épître de Barnabé et la « Lettre de Clément de Rome aux Corinthiens » la connaissent et l'utilisent certainement.[9] Son accueil n'a pas été aisé dans certains milieux, mais son autorité s'est imposée quand on considère que Clément de Rome, épiscope dans la capitale impériale après Lin et Anaclet, semble se référer vers 95 de notre ère à l'argumentation théologique, plus précisément à la christologie sacerdotale, à la supériorité du Fils par rapport aux anges et à l'Exorde toute entière de cette Épître :

> *Ce chemin, bien-aimés, par lequel nous avons trouvé notre salut, c'est Jésus Christ, le grand prêtre de nos offrandes, le protecteur et le secours de notre faiblesse. Par lui, nous fixons notre regard sur les hauteurs des cieux ; par lui, nous contemplons comme en un miroir Sa face immaculée et incomparable ; par lui, se sont ouverts les yeux de notre cœur ; par lui, notre pensée inintelligente et enténébrée refleurit à la lumière ; par lui, le Maître a voulu nous faire goûter à la connaissance immortelle ; « car le rayonnement de Sa majesté, d'autant plus élevé au-dessus des anges que le nom dont il a hérité l'emporte sur le leur ». En effet il écrit ainsi : « Il a fait de ses anges des vents et de ses serviteurs une flamme de feu. » Tandis qu'au sujet de son fils le Maître dit : « Tu es mon fils, moi aujourd'hui je t'ai engendré ; demande-moi et je te donnerai les nations en héritage et en possession les extrémités de la terre. » Et à nouveau il lui dit : « Assieds-toi à ma droite jusqu'à ce que je fasse de tes ennemis l'escabeau de tes pieds. » Quels sont donc les ennemis ? Ce sont les méchants et*

---

[8] Bénétreau S., *L'Épître aux Hébreux*, (Vaux-Sur-Seine, Édifac, 2007), tome 1, pp. 21-23.
[9] Spicq C., *L'Épître aux Hébreux*, vol. I , pp.169,177.

ceux qui s'opposent à Sa volonté. (Clément de Rome, Épître aux Corinthiens 36.1-6)

La lecture de l'Épître aux Hébreux montre que le thème principal développé concerne le sacerdoce et le sacrifice du Christ. Ce thème qui couvre près de quatre chapitres (7. 1 -10 :18) est encadré par deux portions parénétiques (5. 11 - 6. 20 et 10. 19-39). La première parénèse sert de transition entre l'exposé relatif à la « supériorité de Jésus-Christ » (par rapport aux anges, à Moïse, à Josué, à Aaron et aux Lévites : chapitres 1-4) et celui concernant le sacerdoce. La deuxième est présentée comme la conclusion pratique de l'exposé dogmatique traitant de « Jésus Grand Souverain Sacrificateur ».

Mais ces deux portions ne sont pas les seules parénèses de l'Épître aux Hébreux, car les quatre premiers chapitres ainsi que les trois derniers contiennent également des propos parénétiques. Présentée comme une « parole d'exhortation » (13. 22), l'Épître aux Hébreux combine donc, dans toutes ses sections, traité théologique et propos parénétiques.

Compte tenu des circonstances affligeantes des destinataires (persécutions, pillages,…), l'appel à la « *hupomonè* » entendue comme constance, endurance, fermeté, patience et persévérance, revêt une importance particulière parmi les propos parénétiques. Car, à l'instar du peuple d'Israël selon le livre d'Exode, les destinataires de l'Épître aux Hébreux sont en pérégrination. Mais cette pérégrination est spécifiquement spirituelle contrairement à celle, visiblement physique et géographique mais pas exclusivement parce qu'aussi pédagogique, relatée dans le Pentateuque.

D'ailleurs, Coppens constate, dans cette perspective pérégrinale, un net parallélisme entre la vision de l'Épître aux Hébreux et les écrits qumrâniens. Dans l'Épître aux Hébreux, déclara-t-il, « la vie ici bas est envisagée sous l'angle d'un exil (13. 13), d'un séjour au désert (3. 7 - 4. 11), d'une migration (11. 8 - 10,13), d'un pèlerinage (12. 12) . »[10]

En effet, l'auteur de l'Épître aux Hébreux voit ces chrétiens comme *cheminant*, et même *courant*, entourés d'une nuée des témoins : *Ainsi donc, nous aussi, qui avons autour de nous une telle nuée de témoins, rejetons tout fardeau et le péché*

---

[10] Coppens J. : « Les affinités qumrâniennes de l' Épître aux Hébreux », p.130.

qui sait si bien nous entourer, et courons avec endurance l'épreuve qui nous est proposée... (12 :1).

Dans différentes sections de l'Épître, la situation pérégrinale des destinataires (et l'auteur s'y associe fermement et abondamment) est exprimée par des verbes de mouvement tels que *sortir, s'approcher* et *entrer*.

Pour mieux démontrer la réalité de cette pérégrination plus spirituelle que physique ou géographique des chrétiens, Dussaut classe ainsi ces trois verbes qui indiquent l'existence d'un point de départ, la destination ainsi que la finalité escomptée :

1. « Sortons donc pour aller à lui... » (13. 13) ;
2. « Approchons-nous donc avec assurance du trône de grâce... » (4. 16 cf. 12. 22 ss) ;
3. « Nous entrons dans le repos... » (4. 3 cf 3. 11).[11]

Le mouvement est donc incontestablement orienté en avant et non en arrière. Autrement dit, seule la *progression* est préconisée et jamais la *reculade*. Il faut aussi ajouter que ces chrétiens, parmi lesquels se place toujours l'auteur de l'Épître aux Hébreux (« nous ») ne peuvent ni « sortir » ni « s'approcher », ni « entrer » à partir du néant. Leur mouvement est soutenu par un préalable incontournable présenté dans le contexte tant immédiat que général de chaque exhortation. Ainsi les appels répétés à la constance, l'endurance, la fermeté, la patience ou la persévérance, acceptions possibles dans la traduction du vocable grec *hupomonè*, sont lancés après l'exposé de ce préalable, à savoir : la personne et l'œuvre de Jésus-Christ. D'où l'importance que nous accordons à la confession du Christ comme Grand Souverain Sacrificateur et Médiateur dans cette brève étude.

Cependant d'autres titres christologiques attribués à Celui en s'accomplit la Meilleure Alliance seront brièvement abordés. Il s'agit notamment des titres : Fils de Dieu, Seigneur, Messie, Roi et Grand Pasteur.

Par souci de clarté, nous avons choisi le passage d'Hébreux 10. 19-39 comme texte principal :

---

[11] Dussaut L., *op. cit.* p.317.

Ainsi donc, frères, nous avons l'assurance d'un libre accès au sanctuaire par le sang de Jésus, accès que Jésus a inauguré pour nous comme un chemin nouveau et vivant au travers du voile, c'est-à-dire de sa chair ; et nous avons un souverain sacrificateur établi sur la maison de Dieu.

Approchons-nous donc d'un cœur sincère, avec une foi pleine et entière, le cœur purifié d'une mauvaise conscience et le corps lavé d'une eau pure.

Confessons notre espérance sans fléchir, car celui qui a fait la promesse est fidèle.

Veillons les uns sur les autres pour nous inciter à l'amour et aux œuvres bonnes.

N'abandonnons pas notre assemblée, comme c'est la coutume de quelques-uns, mais exhortons-nous mutuellement, et cela d'autant plus que vous voyez le Jour s'approcher.

Car si nous péchons volontairement après avoir reçu la connaissance de la vérité, il ne nous reste plus de sacrifice pour les péchés, mais une attente terrifiante du jugement et l'ardeur du feu prêt à dévorer les rebelles !

Si quelqu'un a violé la loi de Moïse, il est mis à mort sans pitié, sur la déposition de deux ou trois témoins.

Combien pire, ne pensez-vous pas, sera le châtiment mérité par celui qui aura foulé aux pieds le Fils de Dieu, tenu pour profane le sang de l'alliance par lequel il avait été sanctifié, et qui aura outragé l'Esprit de la grâce !

Car nous connaissons celui qui a dit : A moi la vengeance, c'est moi qui rétribuerai. Et encore : Le Seigneur jugera son peuple.

Il est terrible de tomber dans les mains du Dieu vivant !

Mais souvenez-vous des premiers jours où, après avoir été éclairés, vous avez soutenu un grand et douloureux combat : d'une part exposés en spectacle par les opprobres et les tribulations, d'autre part vous rendant solidaires avec ceux qui subissaient ce traitement.

En effet, vous avez eu de la compassion pour les prisonniers, et vous avez accepté avec joie qu'on vous arrache vos biens, sachant que vous avez des possessions meilleures et permanentes.

> *N'abandonnez donc pas votre assurance qui comporte une grande récompense !*
>
> *Vous avez en effet besoin de persévérance, afin qu'après avoir accompli la volonté de Dieu, vous obteniez ce qui vous est promis. Car encore un peu de temps – bien peu ! Et celui qui doit venir viendra, il ne tardera pas. Et mon juste vivra par la foi. Mais s'il se retire, mon âme ne prend pas plaisir en lui.*
>
> *Quant à nous, nous ne sommes pas de ceux qui se retirent pour se perdre, mais ceux qui croient pour sauver leur âme.*[12]

L'étude suivra donc le cheminement parénétique de ce passage. Mais des sous-titres précis ont été attribués aux sections suggérées (chapitres) en vue de mieux faire ressortir la notion de la « *hupomonè* » dans le contexte pérégrinal des « Hébreux », voire des chrétiens en général entrevus dans la « multitude » des bénéficiaires de l'œuvre sacerdotale du Christ. Toutefois, l'un ou l'autre passage de l'Épître pourra intervenir pour compléter le développement fourni par notre texte de base. Il faudra aussi signaler que ce texte ne sera pas analysé systématiquement, mot à mot, parce qu'il traite aussi d'autres sujets tout aussi importants que le thème spécifique de cette brève étude.

C'est ainsi que celle-ci passera rapidement sur des sujets tels que la création, la révélation, la résurrection, la sotériologie, l'ecclésiologie, la mystique de notre auteur... pour se consacrer particulièrement au thème : « *Hupomonè* dans la pérégrination chrétienne » .

Après quelques mots concernant l'*hupomonè* dans le monde grec et dans la Bible en général, il sera d'abord question de souligner les données christologiques fondamentales. Parce que la pérégrination spirituelle des « Hébreux » prend une tournure nouvelle par rapport au culte de l'Ancien Testament, il nous a paru nécessaire de synthétiser, au chapitre 4, les déclarations de foi issues de l'argumentation de l'auteur à propos du Messie des « Hébreux » qui est aussi le sien. Or, cette argumentation est élaborée suivant certains principes de la lecture midrashique dont il sera brièvement question au chapitre 2, une lecture juive mise à contribution par les autres auteurs du Nouveau Testament. Le chapitre 3 re-

---

[12] Traduction littérale : *Nous, certes, nous ne sommes pas de la désertion pour la perdition, mais de la foi pour l'acquisition de l'âme*.

lèvera certains faits de la relecture de l'Écriture Sainte dans l'Épître aux Hébreux. Sans développer les constructions théologiques dites *la théologie de l'alliance* et *le dispensationalisme*, le chapitre 5 situera le propos de l'Épître concernant l'Alliance de Dieu avec « les Hébreux » et avec « la multitude » (l'humanité) dans et par le sang de Christ Jésus.

Les chapitres 6 à 10 traiteront successivement :

- Du double fondement de la *hupomonè* chrétienne
- De la sévère mise en garde contre le manque de constance, de fermeté (v.26-31)
- De la perspective eschatologique dans la constance, l'endurance, la fermeté, la patience et la persévérance (v.36-39)
- Du caractère exemplatif de l'endurance de Jésus, sur qui les regards des chrétiens doivent être fixés pendant leur pérégrination terrestre (12. 1-3).

Nous maintiendrons l'usage de vocable grec *hupomonè* transcrit en alphabet latin pour faciliter la lecture, sachant qu'il sera suivi d'une traduction de l'une de ses acceptions possibles : constance, endurance, fermeté, patience ou persévérance. Il en sera de même des autres expressions grecques tout au long du texte. L'abondance des passages extraits de l'Épître aux Hébreux facilitera la lecture à ceux qui liront ce livre sans le texte du Nouveau Testament sous les yeux.

Chapitre 1

« *Hupomonè* »
dans le monde grec et dans la Bible

1.1 La « *Hupomonè* » dans le monde grec

Ces quelques lignes ont pour but de situer notre étude par rapport à l'usage de ce terme dans le monde grec antérieur ou contemporain à l'Épître aux Hébreux. Nous n'avons donc pas l'intention de présenter une étude approfondie pareille à celles de Festugière et de Spicq[1].

Le substantif « *hupomonè* » (endurance) a largement influencé la compréhension du verbe « *hupoménein* » dans le monde grec. En effet, ce verbe signifiait simplement : « tendre, offrir, présenter (la main, etc.) ». Mais « *hupomonè* » ayant pris, plus tard, une place prépondérante dans la liste des vertus grecques, le verbe en fut fortement marqué. C'est ainsi que le verbe a pris une connotation particulière désignant l'endurance courageuse qui défie les forces ennemies.

Contrairement à la patience dans l'absolu, la *hupomonè* est une attitude active. Elle désigne une résistance énergique et courageuse contre les puissances hostiles, sans toutefois insinuer ou affirmer une quelconque victoire sur elles.[2] Cette résistance est donc une vertu mais sans forcément avoir pour résultat final le succès sur l'ennemi. Elle implique une capacité physique et morale pour tenir tête dans les assauts extérieurs. « *Hupomonè* », en tant que vertu grecque, est l'une des caractéristiques du brave homme. D'ailleurs dans le système stoïcien, « *hupomonè* » occupe la place prédominante comme vertu. Ayant subi l'influence stoïcienne, Philon combine « *hupomonè* » avec « *andreia* » et « *karteia* » (force d'âme, constance, fermeté, patience)[3]. « *Hupomonè* » est donc une vertu qui honore l'homme en lui donnant la capacité de résister aux puissances hostiles.

Par ailleurs, « *hupostolè* » (défection, désertion, dérobade) que nous considérons comme l'envers de la médaille, par rapport à « *hupomonè* », est très rare dans le

---
[1] Festugière A.M., « *hupomonè* dans la Tradition grecque », p.447 ss.
Spicq C., « *hupomonè, patientia* », p.95 ss.
[2] Hauck F., « *hupomonè* », p.581 ss.
[3] Ibid, p.583.

monde grec. Philon ne l'utilise pas du tout. Le terme est également absent de la Septante. Platon et Josèphe qui l'utilisent lui donnent deux sens différents. En plus, ces sens n'ont pas tellement de rapport avec le manque de « *hupomonè* ». Pour Platon, « *hupostolè* » signifie l' « abstinence » de certains mets. Tandis que Josèphe lui donne le sens de « discrétion »[4].

Quant au verbe « *hupostéllein* », il est rarement utilisé par Philon. D'ailleurs ce dernier lui donne le sens de « subordonner, assujettir »[5]. La Septante l'utilise, mais spécialement au temps « moyen » de la conjugaison grecque :

> *C'est pourquoi le ciel vous a retenu la rosée, et la terre a retenu* [huposteleîtai] *ses produits.* (Aggée 1. 10)
>
> *S'il se dérobe* [huposteilètai], *mon âme ne prend pas plaisir en lui ; mais le juste par ma fidélité vivra.* (Habakuk 2. 24).[6]

C'est donc dans le Nouveau Testament, et en particulier dans l'Épître aux Hébreux, que nous allons essayer de mieux cerner le sens, ou plutôt les différentes nuances de la « *hupomonè* » en même temps que la portée de son radical opposé, c'est-à-dire la « *hupostolè* ».

1.2 La « *Hupomonè* » dans la Bible

Disons-le d'emblée, à la suite de Spicq, le vocable *hupomonè* ne doit pas être traduit invariablement dans toutes ses occurrences. Certes, l'annotation de « *hupomonè* » dérive de l'usage fréquent des verbes « *hupomenein* » et « *katékhein* » ou des autres expressions, mais le substantif « *hupomonè* » ne peut pas être partout traduit par un seul vocable français. En effet, comme l'a si bien démontré Spicq, « *hupomonè* » évoque, selon ses différents contextes dans l'Épître aux Hébreux, *la patience, la force, la fermeté, l'endurance, la constance* ou *la persévérance* soutenues par l'assurance et l'espérance chrétiennes.[13]

L'Ancien Testament donne au verbe « *hupomènein* » une connotation spécifiquement religieuse. Ce verbe est utilisé pour en traduire trois autres dans les écrits vétérotestamentaires :

---

[4] Rengstorf K.H., *op.cit.*, p.599 ss.
[5] Ibid, p.597.
[6] Le texte d'Habakuk fera l'objet de quelques remarques plus loin.
[13] Spicq C., « *hupomonè, patientia* », pp.95-106.

1. Job 3. 9 ; 17. 13 ; Lamentations 3. 26 : « attendre » ;
2. Job 6. 11 ; 14. 14 ; 32. 16 ; Lamentations 3. 21, 26 : « attendre » (avec la nuance pieuse d'une attente persévérante et confiante dans le Dieu Protecteur et le Refuge de son peuple) ;
3. Job 32. 4 ; II Rois 7. 9 ; 9. 3 ; Isaïe 64. 3; Habakuk 2. 3; Daniel 12. 2 : « attendre patiemment » (avec la nuance d'une attente confiante et patiente jusqu'à ce que Dieu intervienne ou que la prophétie soit réalisée).

On peut affirmer, sans trop de détails, que les justes sont ceux qui s'attendent Dieu. Ils sont portés vers la réalisation du salut promis. Ainsi attendent-ils cette action décisive divine comme action eschatologique (Habakuk 2). Ceux qui sont endurants et qui atteignent l'accomplissement final de la promesse divine seront sauvés : - « A partir du temps où cessera le sacrifice perpétuel et où sera placée l'abomination dévastatrice, il y aura mille deux cent quatre-vingt-dix jours. Heureux celui qui attendra et qui parviendra à mille trois cent trente-cinq jours ! Toi, va jusqu'à la fin. Tu auras du repos et tu te lèveras pour recevoir ton lot à la fin des jours. » (Daniel 12. 11-13).

L'usage vétérotestamentaire du substantif « *hupomonè* » diffère de celui du monde grec. Le vocable hébraïque que « *hupomonè* » traduit signifie « espérance, confiance » :

« *Nous sommes devant toi des étrangers et des résidents temporaires, comme tous nos pères ; nos jours sur la terre sont comme l'ombre, il n'y a point d'espérance* [hupomonè]. » (I Chronique 29. 15). Ici tout est concentré sur Dieu qui est l'espérance d'Israël : « *Toi l'espérance* [hupomonè] *d'Israël, son sauveur au temps de la détresse, pourquoi serais-tu comme un étranger de passage dans le pays, comme un voyageur qui dresse sa tente pour passer la nuit ?* » (Jérémie 14. 8) ou encore « *Toi l'espérance* [hupomonè] *d'Israël, Eternel ! Tous ceux qui t'abandonnent seront dans la honte, ceux qui s'écartent de moi seront inscrits dans la poussière, car ils abandonnent la source d'eau vive, l'Eternel.* (17. 13).

Cette notion est inconnue de l'usage rencontré chez les Grecs. L'attention y était portée vers les puissances hostiles, auxquelles on résistait soi-même. Or, la « *hupomonè* » vétérotestamentaire n'est pas un concept d'héroïsme, mais un acte de foi en Dieu. La notion vétérotestamentaire de « *hupomonè* » est donc marquée, comme nous l'avons dit, par la confiance en Dieu : espérance, persévérance dans l'attente de l'action divine. Le juste ne résiste pas par ses propres forces.

Il se confie en Dieu « le fort » qui protège. C'est Dieu lui-même qui, en fin de compte, rétablit le juste selon sa promesse. Les justes sont donc « ceux qui s'attendent à Dieu » (*hoi hupoménontes tô theô*).

C'est ainsi que les prophètes demandent au peuple et aux rois de se confier en Dieu en toutes circonstances. Cette confiance en Dieu prend, en même temps, un caractère d'endurance et de fermeté en face des séductions du péché et des invasions des puissances étrangères. La pratique de la « *hupomonè* » est fortement marquée par la double dynamique de la confiance et de l'espérance en Dieu. « *Hupomonè* » est, enfin, l'expression de la piété plutôt qu'une notion éthique ou philosophique sujette à la spéculation.

Le Nouveau Testament maintient la connotation religieuse de la « *hupomonè* ». En face de la persécution, les chrétiens ont besoin de *l'endurance*. Au milieu des pièges et séductions diverses, ils ont besoin de *la fermeté*. Leur attachement à Dieu par le Ressuscité doit être fait de constance. Dans l'épreuve, ils doivent faire montre de patience et de confiance au Dieu de la promesse. Le texte Luc 1.37 est traduit généralement par : *Car rien n'est impossible à Dieu*. Mais traduction littérale dit : *Car aucune parole de la part de Dieu ne sera impuissante.*

Certes, rien n'est impossible au Tout-Puissant, mais ici, il s'agit plus précisément d'une parole de sa part qui ne pourra rester sans effet escompté comme le dit aussi Isaïe :

> *Comme la pluie et la neige descendent des cieux et n'y retournent pas sans avoir arrosé, fécondé la terre et fait germer les plantes, sans avoir donné de la semence au semeur et du pain à celui qui mange, ainsi en est-il de ma parole qui sort de ma bouche : Elle ne retourne pas à moi sans effet, sans avoir exécuté ma volonté et accompli avec succès ce pourquoi je l'ai envoyée.* (Isaïe 55.10-11).

Le Nouveau Testament, de même que l'Ancien, ne présente pas la « *hupomonè* » chrétienne comme une bravoure personnelle ni une insensibilité stoïque. Elle est, encore une fois, une expression de la piété, attachement à Dieu dont la parole s'accomplit immanquablement. Car le Dieu qui dit est aussi le Dieu qui agit !

Dans les Synoptiques, «*hupomonè* » (ou le verbe « *hupoménein*) apparaît cinq fois. L'usage en est attribué strictement à Jésus seul. « *Hupomonè* » apparaît dans l'interprétation de la parabole du semeur, uniquement d'après la tradition lucanienne : *Ce qui est dans la bonne terre, ce sont ceux qui entendent la parole avec un cœur bon et honnête, la retiennent et portent du fruit par la persévérance* (« *en hupomonè* » Luc 8. 15).

Le passage de Matthieu est situé dans le contexte de persécutions (10. 22). Il annonce ainsi le résultat final de la persévérance qui est le salut : *Vous serez haïs de tous, à cause de mon nom ; mais celui qui persévérera jusqu'à la fin sera sauvé.* […ho dè hupomeinas eis télos oûtos sôthésetai]

La même phrase revient, mot à mot, dans le texte dit « discours eschatologique » qui appelle les disciples à la vigilance et à la persévérance :

> *Alors on vous livrera à la détresse, on vous tuera, vous serez haïs de tous les païens à cause de mon nom ; et alors un grand nombre succomberont ; ils se livreront les uns les autres, ils se haïront entre eux. Des faux prophètes surgiront en foule et égareront beaucoup d'hommes. Par suite de l'iniquité croissante, l'amour refroidira dans la multitude ; mais celui qui persévérera jusqu'à la fin, sera sauvé.* (Matthieu 24. 9-13).

> *Vous serez haïs de tous, à cause de mon nom, mais celui qui persévérera jusqu'à la fin sera sauvé.* (Marc 13.13).

Luc reprend la même idée, mais dans une formulation plus active au 21.19 en orientant la persévérance, l'endurance ou la fermeté vers une finalité qui est le salut de l'âme :

> *Vous serez livrés même par vos parents, par vos frères, par vos proches et par vos amis, et ils feront mourir plusieurs d'entre vous. Vous serez haïs de tous, à cause de mon nom. Mais il ne se perdra pas un cheveu de votre tête ; par votre persévérance vous sauverez vos âmes.* [en tê hupomonè humôn ktésasthe tàs psukhàs humôn].[14]

Il en est de même dans bien des passages des Épîtres canoniques et l'Apocalypse de Jean où la « *hupomonè* » constitue une vertu chrétienne fondamentale. Nous ne pouvons, dans la limite de cette étude centrée sur l'Épître aux

---

[14] Mutombo-Mukendi F., *Le Fis de l'homme apocalyptique. Sa trajectoire dans l'attente juive et chrétienne*, pp. 169ss.

Hébreux, reprendre en détails la notion de la « *hupomonè* » dans tous les écrits du Nouveau Testament. Liée aux vertus théologales chrétiennes, l'espérance, la foi et l'amour, la « *hupomonè* » y apparaît comme une « vertu » chrétienne d'une importance qui mérite d'être soulignée. Dans un écrit, probablement le plus ancien du Nouveau Testament, l'Apôtre dit aux Thessaloniciens :

> *Nous rendons continuellement grâce à Dieu pour vous tous quand nous faisons mention de vous dans nos prières ; sans cesse, nous gardons le souvenir de l'œuvre de votre foi, du travail de votre amour et de la fermeté de votre espérance en notre Seigneur Jésus-Christ devant Dieu notre Père.* » (1Thessaloniciens 1. 2-3).

Dans l'Épître aux Hébreux, la notion de la « *hupomonè* » apparaît même dans les passages qui ne mentionnent explicitement ni le substantif ni le verbe « *hupoménein* ». Cela est dû au fait que les propos parénétiques se trouvent dans toutes les sections de l'Épître. Nous citerons, par exemple, le grand bloc central de l'Épître aux Hébreux que Vanhoye intitule « Valeur sans égale du sacerdoce et du sacrificateur du Christ » (5. 11 - 10. 37)[7] et que Dussault situe dans les 3 colonnes centrales de sa Synopse de l'Épître aux Hébreux qui en compte 7.[15] Cette section commence et se termine par deux portions parénétiques. Comme le dit Schnackenburg, l'auteur « menace et avertit sans écraser, il loue en encourageant sans laisser un seul instant d'incertitude sur le danger de la crise actuelle »[8]. L'hostilité de l'environnement vital des destinataires est complexe. Elle constitue un facteur objectif de risque pour leur destinée, laquelle dépasse largement le domaine du temporel.

Cette situation des « Hébreux » était marquée par les souffrances et épreuves directes et indirectes :

> *Mais souvenez-vous de vos débuts : à peine aviez-vous reçu la lumière que vous avez enduré un lourd et douloureux combat, ici, donnés en spectacle sous les injures et les persécutions ; là, devenus solidaires de ceux qui subissaient de tels traitements. En effet, vous avez pris*

---

[7] Vanhoye A. : *Le message de l'Épître aux Hébreux*, p.2-3. Buchanan G.W. : *To the Hebrews*, p.84. Cet exégète, ainsi que bien d'autres, donne le titre de « Jesus the High Priest » à cette section.
[15] Dussaut L., *op. cit. annex*. La synopse qu'il joint à son livre est établie avec le texte français de la Traduction Œcuménique de la Bible.
[8] Schnackenburg R., *Le message moral du Nouveau Testament*, p.338.

> *part à la souffrance des prisonniers et vous avez accepté avec joie la spoliation de vos biens, vous sachant en possession d'une fortune meilleure et durable. Ne perdez pas votre assurance, elle obtient une grande récompense. C'est de l'endurance que vous avez besoin, pour accomplir la volonté de Dieu et obtenir ainsi la réalisation de sa promesse.* » (Hébreux 10. 32-36).

C'est pourquoi l'auteur invite chaleureusement (« *adelphoi* », frères 10. 19) ces chrétiens à fonder leur fermeté, leur constance, leur endurance et leur persévérance dans *la fidélité de Dieu* et dans *l'œuvre rédemptrice de Jésus-Christ*.

Lourd et douloureux combat, spoliation des biens, injures et persécutions qui décrivent la situation des « Hébreux » et ceux dont ils sont solidaires, permettent de reconnaître leur vulnérabilité sur le chemin de la Vie. Un seul remède est préconisé : **la résistance** qui englobe toutes les acceptions contenues dans le concept de *hupomonè*, à savoir la constance, l'endurance, la fermeté, la patience et la persévérance. Ils étaient vulnérables aux assauts contraires à leur vocation d'hommes et à la promesse divine. C'est pourquoi la résistance, en tant que qualité par laquelle ils devaient tenir ferme n'est pas une option. Car qui ne résiste pas cède, et qui cède perd et se perd. Perdre et se perdre, voilà la fin d'un homme et d'u peuple incapables de reconnaître et d'apprécier leur héritage et leur acquis, mais qui les hypothèquent contre les miettes éphémères proposées par leurs ennemis. L'homme et le peuple qui ignorent leur histoire ne peuvent résister en vue de défendre ce qu'ils sont et ce qu'ils ont. Qu'ils se trouvent en face des ruses ou des violences brutales et frontales de leurs ennemis, l'homme et le peuple attaqués se doivent de déjouer les pièges et résister victorieusement aux attaques qui visent une et seule finalité ultime : leur perdition. Cela n'est possible, dans l'histoire individuelle comme dans celle d'une Nation, dans le contexte spirituel comme dans l'histoire géopolitique, que quand cet homme et ce peuple savent d'où ils viennent et à quelle destinée ils sont appelés. La conscience de la vocation d'un homme au sein de l'humanité, celle d'un peuple, ou d'une nation dans le concert des nations permet ainsi de s'assumer en vue d'une double finalité : ne pas se perdre ni perdre totalement à la fois le temporel et l'éternel.

Chapitre 2

Une herméneutique midrashique
pour une Parole actualisée

Les lecteurs avisés des Évangiles constatent que l'activité rédactionnelle de leurs auteurs et / ou éditeurs attribue à Jésus de Nazareth la clé de lecture de la Bible du judaïsme, notre Ancien Testament. Cette clé met à jour le phénomène de continuité et de discontinuité entre l'Ancien Testament et le Nouveau Testament, ou mieux de « la continuité discontinuée » ou « la continuité discontinue » pour utiliser une expression de Vouga.[16] En effet, la Bible de Jésus et de ses disciples immédiats n'était autre que l'Ancien Testament, texte hébraïque ou version grecque (la LXX).[17] La continuité est assurée par la lecture et la référence irremplaçables aux textes sacrés des Juifs : *Moïse, les Prophètes* et *les Écrits*.[18] Par contre, c'est leur herméneutique d'accomplissement des Écritures en l'événement christique, Jésus de Nazareth le Messie, qui marquera une rupture d'avec la lecture judaïsante, une réelle discontinuité dans l'exégèse des Écritures. En nous inspirant de la définition générale de l'herméneutique comme *théorie d'interprétation*, nous pouvons reconnaître aux auteurs des Évangiles et du reste des écrits néotestamentaires une théorie d'interprétation des Écritures et une théorie d'appropriation en totale dépendance des traditions remontant aux paroles de Jésus de Nazareth lui-même. Les paroles de ce dernier auraient-elles alors exprimé une synthèse unique des notions complexes du judaïsme que

---

[16] Vouga F., *Une théologie du Nouveau Testament* (Genève, Labor et Fides, 2001), pp. 24-27.

[17] A ce sujet, il nous semble nécessaire de préciser que les Écrits sacrés juifs utilisés dans le Nouveau Testament débordent le canon vétérotestamentaire adopté par l'Assemblée de Jamnia en 90 de notre ère, et que la Bible proprement dite du christianisme naissant n'était pas la Bible hébraïque mais essentiellement la traduction grecque dite la « Septante ».

[18] Il s'agit des trois composantes de la Bible hébraïque rassemblant 24 Livres : 1. La **Torah** (les cinq livres du Pentateuque) ; 2. Les **Nebiim** (au nombre huit dont quatre *prophètes antérieurs* et quatre *prophètes postérieurs*: Josué, Juges, Samuel et Rois, d'un côté et Isaïe, Jérémie, Ezéchiel et les Douze petits prophètes de l'autre ; Les **Ketoubiim** regroupés en 3 livres poétiques (Psaumes, Job et Proverbes), 5 « rouleaux » à lire lors de différentes fêtes (Ruth à Pentecôte, Cantique à Pâque, Ecclésiaste à la fête des Tentes, Lamentations à la commémoration de la destruction du Temple, Esther à Pourim) ; 3 autres écrits (Daniel, Esdras/Néhémie et Chroniques.

sont Messie, Serviteur et Fils de l'homme ? A cette question, la réponse de Coppens n'a pas encore été démentie :

> *Une réponse affirmative nous amènerait à saluer en lui l'auteur d'une initiative et d'une relecture exégétique remarquablement nouvelles et originales. Jusqu'à présent en effet on n'a pas prouvé qu'avant lui les traditions de son peuple avaient déjà uni les trois titres pour désigner le Sauveur des derniers temps, dont la foi juive attendait la venue.*[19]

Cette réponse de Coppens m'amène à affirmer que, dans toute sa complexité, l'herméneutique d'accomplissement est d'application de la part de Jésus et des Évangélistes. Sans pour autant tomber dans un anachronisme irrationnel, on trouve dans cette herméneutique ce que Paul Ricœur appelle justement « *la théorie des opérations de la compréhension dans leur rapport avec l'interprétation des textes* »[20] mais avec une pointe d'appropriation ultime.[21] D'ailleurs en lisant Ricœur, on a l'impression que la relecture des Écritures par Jésus et / ou les auteurs du Nouveau Testament s'inscrivait déjà dans cette dynamique. Ces auteurs partent de **la vie** (et il s'agit ici de la personne et l'œuvre de Jésus le Messie, sa passion et sa résurrection), du voyage dans les Écritures, **le texte**, et du retour à **la vie**, (la foi en lui en tant qu'accomplissement des Écritures et comme Seigneur présent).[22] C'est donc dans le mouvement de cette dynamique herméneutique que la lecture des Écritures par les auteurs du Nouveau Testament va faire surgir *le non-encore-dit*[23] exprimant, en exclusivité absolue, l'achèvement de ce qui était écrit dans *Moïse, les Prophètes et les Écrits*.

Comment l'Ancien Testament, qui ne mentionne Jésus explicitement nulle part tel qu'on le connaît dans les Évangiles et selon les Épîtres apostoliques a pu être lu comme un livre prophétique concernant le Sauveur d'Israël et du monde ? Parcourant l'Ancien Testament sous l'éclairage de la théorie documentaire propre à l'approche historico-critique Gerhard von Rad reconnaît : *C'est qu'on ne*

---

[19] Coppens J., *Le messie royal*, coll. Lectio divina, n°54, (Paris, Cerf, 1968), p.185.
[20] Ricœur P., « la tache de l'herméneutique », Bovon F. et Rouiller G. (éd.), *Exegesis. Problèmes de méthode et exercices de lecture* (Neuchâtel-Paris, Delachaux &Niestlé, 1975), p.179.
[21] Ricœur P., « La tache de l'herméneutique » dans Bovon F. et Rouille G. (éd.) *Exegesis*, (Neuchâtel-Paris, Delachaux &Niestlé, 1975), p.179.
[22] Ricœur P., « Le texte comme entité dynamique », traduit de l'anglais par Amherdt F.-X dans *Paul Ricœur. L'herméneutique biblique*, pp.129ss.
[23] Amherdt F.-X., *Paul Ricœur. L'herméneutique biblique* (Paris, Cerf, 2001), p.33

peut pas lire l'Ancien Testament autrement que comme le livre d'une attente sans cesse grandissante.[24] Une « attente sans cesse grandissante » insinue le caractère progressif, voire évolutif de la saisie de la Promesse au travers de l'Écriture, ce qui est tout le contraire d'un énoncé absolument figé. Cette attente rendait nécessaire ce mouvement *de la vie au texte* et *du texte à la vie* qui nous permet de comprendre comment les auteurs du Nouveau Testament ont pu ainsi s'approprier les Écritures et en proposer une singulière appropriation aux croyants. L'auteur de l'Épître aux Hébreux excelle en cette matière d'une manière originale en partant du Fils glorifié à l'Écriture Sainte, et de celle-ci à la situation pérégrinale de ses destinataires.

En effet, pour Jésus et ses Apôtres, toutes ces traditions vétérotestamentaires, tous ces récits, ces prières et ces prophéties étaient ouverts à l'interprétation christologique. L'événement christique en constituait la clé herméneutique par excellence. La venue du Messie impose une théorie de lecture, l'herméneutique d'accomplissement, les textes vétérotestamentaires ne parvenant *à leur actualisation ultime qu'à la lumière de l'accomplissement.*[25] Nous qui n'avons que les Textes (Ancien Testament et Nouveau Testament), nous nous trouvons devant une pratique complexe de l'intertextualité à la fois *obligatoire* et *aléatoire* selon la relecture faite par Jésus et les auteurs du Nouveau Testament.[26] Pour définir plus sobrement le phénomène intertextuel, notons comment Marguerat et Curtis articulent leur propos :

> *tout texte appelle à la mémoire du lecteur, de la lectrice, d'autres textes. L'intertextualité est ce procédé qui rompt la linéarité de la lecture en sollicitant, chez les lecteurs, la mémoire d'autres textes antérieurement lus ou entendus.*[27]

C'est à ce procédé que s'attèlent les auteurs du Nouveau Testament en général et de l'auteur de l'Épître aux Hébreux en particulier, de même qu'il fonctionne

---

[24] Von Rad G., *Théologie de l'Ancien Testament*, Tome II (Genève, Labor et Fides, 1965), p. 284
[25] Von Rad G., *op.cit.* p.297
[26] Devant les conceptions extensibles de l'intertextualité, Riffaterre distingue alors, dans les textes bibliques, *l'intertextualité obligatoire* de *l'intertextualité aléatoire*. *Obligatoire* est l'intertextualité que l'on *doit* repérer sous peine de fauter dans la lecture, et *aléatoire* est celle que l'on *peut* percevoir en toute liberté. Cité par Marguerat D.et Curtis A., *op. cit.* p.6
[27] Marguerat D et Curtis A., *op.cit.* p.5

dans l'esprit de leurs destinataires dont l'Écriture était aussi *Moïse, les Prophètes et les Écrits.*

Certes, l'intertextualité la plus explicite, dite aussi obligatoire, constatée dans le Nouveau Testament est repérée à travers les citations. Mais ces dernières sont souvent opérées dans une liberté déroutante. Elles sont extraites de leur contexte comme les versets 5 à 13 du premier chapitre de l'Épître aux Hébreux en donnent une illustration complexe. Elles sont parfois amputées de leur prolongement « naturel », à savoir le texte complet duquel elles sont tirées. Il en est de même des trois citations de l'Écriture par Jésus dans ses réponses au tentateur du désert.[28] La citation de Joël amputée de toute sa suite apocalyptique dans le premier discours de Pierre dans Actes 2 étaie cette observation d'une relecture sélective.

Par ailleurs, les auteurs préfèrent soit le texte hébraïque, soit la traduction grecque (la Septante) selon l'orientation du message théologique qu'ils ont décidé de donner à leurs destinataires. Cet exemple de ce premier discours de Pierre qui utilise la version grecque en dit assez sur la méthode. Et quand bien même, la version grecque serait préférée au texte hébraïque, l'auteur peut aussi en modifier un élément selon le besoin de sa théologie narrative (les Évangiles et les Actes des Apôtres) ou argumentative (les Épîtres). Un exemple bien connu dans cette approche est observé dans bien des commentaires des Épîtres aux Romains (1.17) et aux Galates (3.11) à propos de la citation d'Habakuk (2.4) par Paul.

Par conséquent, l'observation de l'intertextualité explicite, à travers les citations ou groupes d'expressions précises, révèle souvent un procédé de relecture et de réécriture bien plus complexe qu'elle n'en donne l'apparence dans nos versions françaises. Distinguant ceux « *qui n'ont pas cru à la Parole* », « *les incrédules* » de ses destinataires croyants (« *L'honneur est pour vous qui croyez.* »)[29], la Première Épître de Pierre applique à ces derniers sa *relecture* des textes d'Exode (19.5), de Deutéronome (7.6 ; 14.2 ; 26.18) et d'Osée (1.10). Outre les citations d'Isaïe (28.16) et du Psaume 118 (v.22), dont les contextes historiques sont passés sous silence, cette Épître néotestamentaire indique l'appropriation de l'Écriture par les chrétiens dans sa réécriture :

---

[28] Nous y reviendrons dans les paragraphes à suivre.
[29] 1Pierre 2.7ss.

> *Vous, au contraire, vous êtes une race élue, un sacerdoce royal, une nation sainte, un peuple acquis, afin que vous annonciez les vertus de celui qui vous a appelés des ténèbres à son admirable lumière, vous qui autrefois n'étiez pas un peuple, et qui maintenant êtes le peuple de Dieu, vous qui n'aviez pas obtenu miséricorde, et qui maintenant avez obtenu miséricorde.* (1Pierre 2.9-10).

Cette appropriation détermine la théologie, - en tant que *travail de l'intelligence de la foi*, - sous-jacente à toutes les citations de l'Écriture faites par les auteurs du Nouveau Testament. Se référant à Antoine Compagnon, François Vouga résume bien ce phénomène mainte fois vérifié dans les citations de l'Ancien Testament par les auteurs du Nouveau Testament :

> *Celui qui fait une citation sélectionne un passage auquel il confère une importance particulière, il le découpe selon ses propres critères et le place dans un contexte nouveau qui en détermine désormais l'interprétation.*[30]

Les illustrations abondent tout au long du Nouveau Testament. Nous pouvons, néanmoins, en rappeler une à propos des citations de Jésus dans la théologie narrative élaborée par les évangélistes dans leurs récits relatifs à la tentation de Jésus (Matthieu 4.1-11 ; Luc 4.1-13). Ces récits révèlent un modèle complexe de référence à l'Écriture (*intertextualité*) dans les citations vétérotestamentaires faites par Jésus. Nous y remarquons : une observation absolue de la Torah de la part de Jésus, une fidélité à la Loi (contrairement à ses « mais moi je vous dis ») mais aussi une amputation volontaire des textes de Deutéronome cités.

L'intertextualité est-elle une herméneutique en soi ? Qu'est-ce que l'herméneutique ? Pour ne pas ouvrir ces pages à une digression tout aussi longue et que technique, disons que, discipline philosophique à part entière, l'herméneutique est *la théorie de l'interprétation*. Redevable à ses propres présupposés et à ses propres exigences, elle est, pour emprunter, encore une fois, les termes de Paul Ricœur, une lecture liée au *quid*, au *ce en vue de quoi* le texte a été écrit. Au plan philosophique, cette *théorie d'interprétation*, n'a pas de lien exclusif à l'exégèse ; par contre, elle se déploie dans et autour de toutes les sciences humaines concernées par l'interprétation. Cependant, quoi que sans

---

[30] Vouga F., *Une théologie du Nouveau Testament*, (Genève, Labor et Fides, 2001), p. 24, cf. Antoine Compagnon, *La seconde main ou le travail de la citation*, (Paris, Seuil, 1979).

rapport exclusif à l'exégèse, son lien à cette dernière est indéniable et irremplaçable parce que l'herméneutique est la partie réfléchie ou réflexive de l'exégèse. Disons-le encore plus courtement à la suite du Paul Ricœur : *l'herméneutique est l'espace théorique de l'exégèse* ; par conséquent, *elle déborde largement l'exégèse même systématisée.* [31]

L'herméneutique appliquée aux Écritures par Jésus et par les auteurs du Nouveau Testament se fonde sur une singulière « nouveauté » qui échappait aux exégèses juives contemporaines, à savoir l'accomplissement de ce qui est dit dans *Moïse*, les *Prophètes* et les *Écrits*. La « nouveauté messianique » constitue, de facto, le critère fondamental de la *liberté* de *relecture* de la Bible hébraïque que se donne Jésus de Nazareth, laquelle (*liberté*) influe sur tout le procédé de *réécriture* des auteurs du Nouveau Testament disciples fidèles (croyants) du Ressuscité. Citations, allusions, réminiscences, allégories, typologies ... des auteurs du Nouveau Testament relèvent toutes de ces opérations de *relecture* et *réécriture* par rapport à l'Écriture en leur possession, la Bible juive.

Certes, la relecture de l'Ancien Testament par Jésus et les auteurs du Nouveau Testament est déterminée par le caractère *sélectif* et *midrashique*,[32] notamment dans les citations, allusions, allégories et typologies. C'est pourquoi, ce que nous appelons dans ces paragraphes *herméneutique d'accomplissement* ne se résume pas au concept de *promesse réalisée* qui ne verrait dans l'Ancien Testament tout entier qu'une promesse dont la réalisation serait la venue du Messie. Car, bien des accents de relecture existent à l'intérieur même de l'Ancien Testament d'une part ; et la relecture de l'Ancien Testament faite par Jésus et les auteurs du Nouveau Testament est faite de données dynamiques, voire conflictuelles à la lumière de la liberté que Jésus se donne, selon sa conscience messianique, dans son utilisation de l'Écriture d'autre part. Se référant aux controverses (Marc 2-3 ; 7 ; 10), à la séquence des antithèses (Matthieu 5. 21-48), à la hiérarchisation des commandements (Marc 12.28-32), la radicalité de l'amour et même de l'amour de l'ennemi (Matthieu 5.43-48), l'octroi du certificat de répudiation et l'unité du couple (Deutéronome 24.1 et Genèse 2.24) ... Marguerat conclut, avec raison :

---

[31] Ricœur P., « Du conflit à la convergence des méthodes en exégèse biblique », dans Xavier Léon-Dufour (éd), *Exégèse et herméneutique*, (Paris, Seuil, 1971), p.47.
[32] Marguerat D., *Le Dieu des premiers chrétiens* (Genève, Labor et Fides, 2011), p. 92.

> *C'est la proximité du Règne, la conscience de la présence pressante de Dieu, qui donnent à Jésus l'audace de faire voler en éclats le délicat et compliqué appareil de lecture des rabbis, avec son réseau de précisions casuistiques (lire Mt 4, 12-17 avant Mt 5). Il s'ensuit que le rapport de Jésus à l'Écriture est uniforme dans sa souveraineté, mais pluriel dans ses modalités. Tantôt il choisit l'Écriture contre la tradition, tantôt un texte contre un autre, tantôt la volonté de Dieu contre le texte [...] Les premiers chrétiens vont user de cette liberté, et leur rapport à la Bible hébraïque va refléter la diversité qu'ils ont perçue chez Jésus.*[33]

Il dit encore à propos du principe midrashique d'actualisation de l'Écriture appliqué par les auteurs du Nouveau Testament :

> *Les premiers chrétiens n'ont pas fait autrement que tourner et retourner l'Écriture, pour dénicher le sens inattendu, inouï, qu'elle reçoit de la vie et de la mort du Messie. Mais au sein de la logique midrashique, qui a à la fois continué le texte et lui fait violence, les chrétiens mènent un jeu de continuité et de rupture avec la tradition juive, auquel ils se sentent autorisés par la liberté même de leur Maître.*[34]

La « continuité discontinue » (Vouga) nous semple recadrer, contenir et caractériser le rapport entre les trois modèles de relecture de l'Ancien Testament par Jésus et les auteurs du Nouveau Testament, à savoir « continuité, promesse réalisée et rupture » (Marguerat). Outre les Écrits et le Message de l'Ancien Testament, il y a lieu d'insister aussi sur l'Histoire d'un peuple, une histoire qui, ici, n'en est pas une sans l'irruption de Dieu, le Tout Autre qui révèle et se révèle. Or, l'histoire est nécessairement un processus, une suite d'événements et une progression de lectures successives. Le caractère sélectif et midrashique de l'utilisation de l'Ancien Testament par les auteurs du Nouveau Testament insinue la subordination du premier au dernier. Cette subordination est fondée christologiquement.[35] Le Dieu d'Abraham, d'Isaac, de Jacob, de Moïse, de David qui a parlé de différentes manières et à plusieurs reprises à travers les prophètes, dans « ce » temps de la fin

> *s'est révélé une fois pour toutes dans la singularité absolue de l'incarnation de la parole de Dieu dans la personne historique de Jé-*

---

[33] Marguerat D., *Le Dieu des premiers chrétiens*, (Genève, Labor et Fides, 2011), p. 94-95.
[34] Marguerat D., *op.cit.*, p. 93.
[35] Vouga F., *Une théologie du Nouveau Testament* (Genève, Labor et Fides, 2001), p. 24.

sus de Nazareth qui est mort pour nous, que Dieu a ressuscité d'entre les morts, qui est (re)monté au ciel auprès du Père et qui reviendra de là pour juger les vivants et les morts. Il est donc légitime que l'Écriture soit relue à partir de l'événement de la révélation.[36]*

Cet événement de la révélation constitue le centre du kérygme apostolique, « conformément aux Écritures » et de la foi des chrétiens quelle que soit leur origine, juive ou païenne :

Je vous ai enseigné avant tout, comme je l'avais aussi reçu, que Christ est mort pour nos péchés, selon les Écritures ; qu'il a été enseveli, et qu'il est ressuscité le troisième jour, selon les Écritures ; et qu'il est apparu à Céphas, puis aux douze. Ensuite, il est apparu à plus de cinq cents frères à la fois, dont la plupart sont encore vivants, et dont quelques uns sont morts. Ensuite, il est apparu à Jacques, puis à tous les apôtres. […] Ainsi donc, que ce soit moi, que ce soient eux, voilà ce que nous prêchons, et c'est ce que vous avez cru. (1Corinthiens 15. 3ss)

D'où la formulation de Dodd, toujours d'actualité à ce sujet bien que son ouvrage soit daté du milieu du siècle passé :

Sous sa forme la plus ramassée, le kérygme est l'annonce de certains événements historiques replacés dans un cadre qui en révèle le sens. Ces événements sont : la venue de Jésus dans l'histoire ; son ministère, ses souffrances et sa mort ; ses apparitions à ses disciples, quand il fut ressuscité des morts et investi de la gloire d'un autre monde ; la naissance de l'Église, communauté où se déploient la puissance et l'activité de l'Esprit Saint et qui attend ardemment le retour de son Seigneur comme juge et sauveur du monde.[37]

Cette attente est inscrite dans le kérygme apostolique primitif comme l'une de ses caractéristiques originelles. Cette attente est fondée comme l'objet de l'espérance chrétienne car, selon la prédication paulinienne, les païens, c'est-à-dire les incrédules sont sans espérance (Éphésiens 2.12). Paul ne voulait pas les chrétiens de Thessalonique, face au mystère de la mort, sombrent dans la désespérance : Nous ne voulons pas frères, que vous soyez dans l'ignorance au sujet de ceux qui dorment, afin que vous ne vous affligiez pas comme les autres qui

---

[36] Ibid.
[37] Dodd C.H., *Conformément aux Écritures*, (Paris, Seuil, 1968), p. 18. L'original en anglais a été publié en 1952.

n'ont pas d'espérance. (1 Thessalo-niciens 4.13). Fondé sur « la parole du Seigneur », le scénario eschatologique qu'il présente à ces chrétiens n'est pas un dogme stérile : c'est une parole utile à la consolation réciproque de ceux qui attendent l'avènement glorieux du Ressuscité. (1 Thessaloniciens 4. 15-18). Le « autrefois » et le « maintenant » qui caractérisent « l'être chrétien » ne séparent pas la foi de l'espérance. Demeurer dans la foi implique la persévérance, la fermeté dans la confession chrétienne sans se laisser départir de l'espérance : Et vous qui étiez étrangers et ennemis par vos pensées et par vos mauvaises œuvres, il vous a maintenant réconciliés par sa mort dans le corps de sa chair, pour vous faire paraître devant lui saints, irrépréhensibles et sans reproches, si du moins vous demeurez fondés et inébranlables dans la foi, sans vous détourner de l'espérance de l'Évangile que vous avez entendu, qui a été prêché à toute créature sous le ciel, et dont moi Paul, j'ai été fait ministre. (Colossiens 1.21-23).

Nonobstant les aléas de l'attente chrétienne repérables dans les différentes traditions des écrits du Nouveau Testament, le caractère eschatologique, voire apocalyptique de l'Annonce du Royaume par Jésus fournit le fondement de toute l'espérance chrétienne de la prédication apostolique. Les recherches actuelles de ce qu'on appelle pompeusement la « troisième quête » sur le thème du « Jésus historique » donnant la place belle à la judaïcité du Nazaréen ne peuvent se passer de la note apocalyptique de son enseignement parmi les autres enseignants de son époque. Cette note a été remise à l'honneur dans l'exégèse du Nouveau Testament par Ernst Käsemann dont nous ne pouvons taire la conviction :

> *Personnellement, j'affirme que l'apocalyptique post-pascale représente la forme et l'interprétation les plus anciennes du kérygme. On ne peut plus alors se demander assurément si elle a été plus utile ou nocive à la nécessaire prise en charge de la tâche théologique. Après tout, elle a d'abord reconnu cette tâche et s'y est engagée. Il n'est plus douteux que plus tard la théologie de l'Église a vu sa tâche dans l'élimination de l'apocalyptique. Les pères de l'Église sont-ils pour cela les premiers théologiens ? L'hellénisme est-il le parrain de la théologie chrétienne. Qu'il soit permis au spécialiste du Nouveau Testament de demander le prix que nous payons pour cela, et le risque que nous avons pris à devenir en tant que théologiens les héritiers de*

la pensée grecque systématique. On ne peut éliminer la pensée apocalyptique impunément.[38]

L'abandon du pensée apocalyptique par le christianisme hellénisé à outrance a conduit à l'oubli de bien de traits caractéristiques de l'héritage judéo-juif du message évangélique. L'apport de l'apocalyptique dans la réflexion et la praxis de diverses communautés juives en période de crises multiformes a été relevé dans plusieurs études devenues des classiques en la matière.[39]

---

[38] Käsemann E., *Essais exégétiques* (Neuchâtel, Delaschaux & Niestlé, 1972), pp.205-206.
[39] Mutombo-Mukendi F. : « Dialectique subversive de l'Apocalyptique » dans mon ouvrage *Théologie politique africaine* (Paris, L'Harmattan, 2011) ; Mutombo-Mukendi F. : Le Fils de l'homme apocalyptique (Paris, L'Harmattan, 2009) ; Voir aussi l'immense bibliographie dans Rochais Gérard : « L'influence de quelques idées-forces de l'Apocalyptique sur certains mouvements messianiques et prophétiques populaires du 1er siècle », dans *Jésus de Nazareth. Nouvelles approches d'une énigme* (Genève, Labor et Fides, 1998), pp.177-208 ; De Martin De Viviés P. : *Apocalypses et cosmologie du salut* (Paris, Cerf, 2002)

Chapitre 3

Relecture de l'Écriture Sainte
dans l'Épître aux Hébreux

Voici un Livre pas comme les autres dans le Canon du Nouveau Testament, et qui se présente comme une « *parole d'exhortation* » (Hébreux 13.22) ! D'où les débats nourris pour savoir s'il s'agit d'une Épître ou d'une Homélie. Même si la tradition patristique la plus ancienne reconnaît précautionneusement à l'ouvrage la responsabilité paulinienne et que les grands personnages comme Jérôme et Augustin n'aient pas été hostiles à cette hypothèse, l'œuvre reste anonyme. La forme paulinienne de la deuxième finale de 13.22-25[40] et la mention de Timothée ne résolvent pas pour autant la triple énigme de l'auteur, de l'origine et du lieu de la rédaction de notre Épître aux Hébreux. Outre la richesse irremplaçable des résultats obtenus, à diverses fortunes, de la méthode historico-critique, nous reconnaissons avec Paul Ricœur que cette énigme demeure dans le domaine de la triple illusion de la méthode.

En dépit de sa grande connaissance des Écritures, l'auteur n'est pas tenté d'usurper la posture apostolique, se situant lui-même ainsi que ses destinataires immédiats (*nous*) dans la lignée de ceux qui ont entendu la Parole prêchée par les auditeurs du Seigneur :

> *Car, si la parole annoncée par les anges a eu son effet, et si toute transgression et toute désobéissance a reçu une juste rétribution, comment échapperons-nous en négligeant un si grand salut, qui annoncé d'abord par le Seigneur, nous a été confirmé par ceux qui l'ont entendu, Dieu appuyant leur témoignage par des signes, des prodiges et divers miracles, et par les dons du Saint-Esprit distribués selon sa volonté.* (2.2-4).

Outre la connaissance des Écritures de cet auteur, bien des exégètes ont remarqué sa maîtrise de la rhétorique en tant qu'art de la persuasion dans les

---

[40] Il y a, en effet, un problème littéraire de dédoublement de la bénédiction en 13.20-21 et 13.22-25.

modes gréco-romains de communication. Depuis l'article de Vaganay, et les travaux de Vanhoye, Dussaut, Bénétreau, Grelot et sans oublier le grand commentaire en deux volumes de Spicq, la structure littéraire, l'argumentation et la théologie de l'Épître aux Hébreux ont imposé un respect et une rigueur mérités en exégèse du Nouveau Testament de langue française.[41]

Qu'en est-il de l'herméneutique d'accomplissement dans l'Épître aux Hébreux ? Certes, il en existe une mais qui procède tout autrement que sur le modèle du genre littéraire « Évangile » dans lequel les auteurs présentent, dans leur théologie narrative, - l'événement christique, - la personne et l'œuvre de Jésus de Nazareth comme l'accomplissement des Écritures. Pour le dire autrement, la vie, la mort et la résurrection du Christ offrent la clé d'interprétation de l'Ancien Testament lu, dans son ensemble et de façon générale, comme *une prophétie*[42] enfin accomplie. Par contre, la parenté de l'exégèse et de l'argumentation théologique de l'auteur de l'Épître aux Hébreux avec les lectures allégoriques de bien des exégètes juifs hellénisés[43], notamment ceux de l'École d'Alexandrie trahit une influence certaine des courants philosophiques stoïciens et néoplatoniciens. D'où certains présupposés herméneutiques de notre auteur : *le monde perceptible et terrestre n'est que l'image (10,1), la figure (8,5), la parabole (9,9), la copie (9,24) ou l'ombre (8,5 ; 10,1) imparfaites, provisoires et passagères de la réalité éternelle et céleste qui lui sert de modèle (8,5).*[44] Comme le laisse suggérer Peter Tomson, ces présupposés herméneutiques de notre auteur constituent, en fait, les sommets de *l'allégorie platonisante ... dans la désignation du rôle de*

---

[41] Vaganay L., « Le plan de l'Épître aux Hébreux », dans *Mémorial Lagrange* (Paris, Gabalda, 1940), pp.269-277 ; Spicq C., *L'Épître aux Hébreux*, 2 Tomes, (Paris, Gabalda, 1952-1953) ; Vanhoye A., *La structure littéraire de l'épître aux Hébreux* (Paris, Desclée de Brouwer, 1963, 1972) ; Dussaut L., *Synopse structurelle de l'Épître aux Hébreux*, (Paris, Cerf, 1981) ; Bénétreau S., *L'Épître aux Hébreux*, 2 Tomes (Vaux-sur-Seine, Édifac, 1989, 1990) ; Vanhoye A., « Le message de l'épître aux Hébreux », *Cahier Évangile 19* (Paris, Cerf, 1977) ; Grelot P., *Une lecture de l'épître aux Hébreux* (Paris, Cerf, 2003).
[42] Von Rad G., *op.cit.* p. 284.
[43] Vuga F., « L'Épître aux Hébreux », dans Marguerat D. (éd.), *Introduction au Nouveau testament. Son histoire, son écriture, sa théologie*, 4ème Ed., (Genève, Labor et Fides, 2008), p. 354.
[44] Vuga F., *op.cit.* p. 358

réconciliation céleste de Jésus comme étant le sens caché véritable de l'office des prêtres lévitiques sur la terre.[45]

Bien que l'auteur soit considéré comme « imbu de la culture alexandrine »[46] et que le philonisme de son ouvrage récolte le suffrage d'un grand nombre de critiques, l'Épître aux Hébreux ne se perd pas dans un allégorisme ombrageux et sans limite. Comme le souligne Léon-Dufour, *l'auteur insiste, au contraire sur l'événement concret, le sacrifice sanglant du Christ (Hé 9,11-12), l'offrande de son corps une fois pour toutes (10,10), la croix, la mort.*[47]

Le principe fondamental de son exégèse est la valeur de préfiguration que l'auteur découvre dans le Tabernacle, le Temple, la liturgie sacrificielle, le *Souverain Sacrificateur*, les personnages de l'Ancien Testament,[48] etc. La complexité de la typologie de l'étude de Samuel Amsler telle que résumée par François Vouga trouve dans l'Épître aux Hébreux l'une des applications les mieux accomplies : cette typologie établit une correspondance entre les figures de l'Ancien Testament et du Nouveau avec l'avantage

> *de rendre compte formellement des relations établies par le Nouveau Testament entre la révélation en Jésus-Christ et les figures vétérotestamentaires (Abraham et les croyants, Moïse ou David et Jésus). Elle* (la typologie) *présuppose toutefois un lien de cohérence qu'elle n'établit pas elle-même et qu'elle doit reprendre des conceptions linéaires comme celles d'une histoire du salut ou d'une symétrie entre promesse et accomplissement.*[49]

Toute son argumentation théologique, et plus spécifiquement sa christologie sacerdotale, sera construite sous un modèle à trois *composantes* : d'abord il y a des réalités célestes (*typos*) ; ensuite l'histoire d'Israël et plus particulièrement sa

---

[45] Tomson J. P., *Jésus et les auteurs du Nouveau Testament dans leur relation au judaïsme*, (Paris, Cerf, 2003), p. 377
[46] Spicq C., *L'Épître aux Hébreux*, vol. I, pp. 39-91.
[47] Léon-Dufour X., *Les évangiles et l'histoire de Jésus* (Paris, Seuil, 1963), p. 72
[48] C'est à dessein que j'évite ici l'expression « Grand Prêtre ». Ce dernier terme dérive du grec *presbyteros* (ancien) tandis que la racine étymologique de « *sacrificateur* » est d'une charge cultuelle particulièrement révélatrice : *hiereus* (sacrificateur), *hiéron* (sanctuaire, temple), *hierateuma* (communauté sacerdotale), *hierateia* (service sacerdotal, sacerdoce), *hierôsunè* (sacerdoce), *hierateuô* (officier, exercer le service sacerdotal), *hierahieros* (sacré, saint), *hierothutos* (offert en sacrifice), *hierosulos* (coupable de sacrilège), etc.
[49] Vouga F., *Une théologie du Nouveau Testament*, (Genève, Labor et Fides, 2001), p. 25.

liturgie sacrificielle, qui offre des reproductions (*antitypa*), des copies (*hupodeimata*), des « ombres » (*skia*) des réalités et des « biens à venir »[50] ; et enfin Christ vient réaliser ce qui était préfiguré. La mort, la résurrection et l'exaltation du Christ s'inscrivent dans les réalités cultuelles célestes. Christ accomplit parfaitement ce qui n'a été que préfiguration dans l'histoire et dans la liturgie cultuelle israélite ; et par conséquent, son œuvre a une valeur parfaite et céleste. L'auteur démontre donc qu'avant tout il a existé le dessein de Dieu, et puis il y a eu les réalités historiques d'un peuple (personnages, événements, institutions, liturgie, etc.) et enfin est intervenu l'événement christique qui accomplit le dessein céleste :

> *Les événements et institutions du Premier Testament sont ainsi relus dans le sens littéral qu'ils avaient pour les Juifs. Mais en faisant jouer le principe des préfigurations, l'épître y découvre un sens plénier que l'existence du Christ ici-bas a pu seule faire paraître. Sa mort ne fut pas un accident malheureux qui mit fin à la fondation du « Règne de Dieu » qu'il annonçait. Elle fut le résultat paradoxal de la volonté de Dieu, qui abrogea ainsi le premier régime d'alliance pour fonder celui de l'alliance nouvelle (He 10, 9)...*[51]

Avec l'auteur de l'Épître aux Hébreux, on se situe bien au-delà de l'intertextualité qu'elle soit comprise comme *obligatoire* ou *aléatoire*. Qu'il parte d'allusions, de citations directes ou de mémoire, cet auteur fait un travail d'exégète, de théologien et de prédicateur ne ménageant aucun effort dans l'emploi de *l'artillerie rhétorique* en vue de persuader, de convaincre ses destinataires certainement habitués à la lecture de la LXX qu'il utilise. En exégète, il cite, commente et explique le Texte. En théologien, il réalise le travail de l'intelligence de la foi, il s'inscrit dans la double dynamique herméneutique de la vie au texte et du texte à la vie pérégrinale des croyants, élaborant ainsi une doctrine, la christologie sacerdotale[52] (d'où découlent sa sotériologie, son eschatologie et son ecclésiologie) en partant de son exégèse. Et comme prédicateur, il fait découler de la doctrine une parénèse diversifiée et contraignante qui n'attend

---

[50] Hébreux 8.5 ; 9. 9, 19-22, 24 ; 10.1 ; 12.18-24
[51] Grelot P., *Une lecture de l'épître aux Hébreux*, (Paris, Cerf, 2003), p.185
[52] Pierre Grelot parle plutôt d'un véritable « Traité du sacerdoce du Christ »., *op. cit.* p.9.

pas la fin de sa *parole d'exhortation* pour interpeller les destinataires à une pratique mais qui s'y intègre au fur et à mesure du développement de sa thèse.[53]

L'auteur de l'Épître aux Hébreux opère donc une relecture de *Moïse,* des *Prophètes* et des *Écrits* en les plaçant fondamentalement

> *dans le cadre du dessein de Dieu, sous-jacent à toute l'histoire humaine, et il trouve la clef de leur compréhension dans la personne de Jésus-Christ, mort et ressuscité d'entre les morts ; c'est à partir de là qu'il expose le sens de toutes les réalités dont parle l'Écriture, et qu'il découvre le sens des textes qui parlent du Christ.*[54]

En effet, dès le premier chapitre de sa *parole d'exhortation*, l'auteur aligne une série de citations et les applique directement au Fils, donc à la personne et à l'œuvre du Christ. Comme dans les autres hymnes christologiques néotestamentaires,[55] la personne et l'œuvre du Christ résonnent comme une préalable confession de foi partagée :

> *Dieu ayant autrefois parlé aux pères, à plusieurs reprises et en plusieurs manières, par les prophètes, nous a parlé en derniers jours par le Fils, - qu'il a établi héritier de toutes choses, par lequel aussi il a fait les âges, - et qui, étant le rayonnement de sa gloire, et l'empreinte de son être, et soutenant toutes choses par la parole de sa puissance, après avoir fait la purification des péchés, s'est assis à la droite de la Majesté, dans les lieux élevés ; - étant devenu d'autant plus excellent que les anges, qu'il a hérité d'un nom plus excellent que le leur.*

---

[53] Voici quelques exemples de ces exhortations intermédiaires : *C'est pourquoi nous devons d'autant plus nous attacher aux choses que nous avons entendues de peur que nous ne soyons emportés loin d'elles. (2.1) ... comment échapperons-nous en négligeant un si grand salut ... (2.2) Prenez garde, frères, que quelqu'un de vous n'ait un cœur mauvais et incrédule, au point de se détourner du Dieu vivant. Mais exhortez-vous les uns les autres chaque jour...(3.12,13) Craignons donc, tandis que la promesse d'enter dans son repos subsiste encore... Approchons-nous donc avec assurance... (4.1, 14-16). Nous désirons que chacun de vous montre le même zèle pour conserver jusqu'à la fin une pleine espérance en sorte que vous ne vous relâchiez point, et que vous imitiez ceux qui , par la foi et la persévérance, héritent des promesses. (6.11,12).* etc.
[54] Grelot P., *op.cit*. p.181; Grelot propose un résumé intéressant de l'usage des citations de la Torah, des Prophètes et des Psaumes dans les pages 173 à 180.
[55] Jean 1.1-18, Philippiens 2.6-11, Colossiens 1.15-20, etc.

Cette confession (Hébreux 1.1-4) semble afficher une certaine parenté lexicale et conceptuelle avec l'hymne à la sagesse divine que reprend un livre judéo-platonisant[56], la *Sagesse de Salomon*, conservé dans la LXX :

> *Elle* (la Sagesse) *est un effluve de la puissance de Dieu, une émanation toute pure de la gloire du Tout-Puissant ; aussi rien de souillé ne s'introduit en elle. Car elle est un reflet de la lumière éternelle, un miroir sans tache de l'activité de Dieu, une image de sa bonté.. D'autre part étant seule, elle peut tout, demeurant en elle-même, elle renouvelle l'univers et, d'âge en âge passant en des âmes saintes, elle fait des amis de Dieu et des prophètes ;[...]Elle s'étend avec force d'un bout du monde à l'autre et elle gouverne l'univers avec bonté.* (Sagesse de Salomon 7. 25-27 ; 8.1)

C'est après cette confession dès l'ouverture de l'Épître, et plus précisément l'énoncé de foi relatif à la supériorité absolue du Fils par rapport aux anges (Hébreux 1.5-13), que l'auteur cite abondamment les Écritures dans lesquelles nous discernons leurs 3 sections selon l'ordonnancement de la Bible juive même si l'auteur utilise l'ancienne version grecque : *la Torah, les Prophètes et les Écrits*. La Torah lui fournit Deutéronome 32.43[57], les Prophètes 2 Samuel 7.14 cf. 1 Chroniques 22.10 et les Écrits cinq citations et une allusion aux Psaumes (2.7 ; 97.7 ; 103.4 ; 45.7,8 ; 102.26-28 ; 110.1)[58]. La personne du Fils est au centre du développement de l'exposé de l'auteur dans les 14 versets de ce premier chapitre, en suivant le procédé midrashique qui consiste à sortir un texte de son contexte initial, d'un événement historique précis pour l'actualiser en l'intégrant dans un autre et en le référant à un tout autre événement. Ces citations et allu-

---

[56] Tomson J. P., *Jésus et les auteurs du Nouveau Testament dans leur relation au judaïsme*, (Paris, Cerf, 2003), p.376.

[57] Cette citation est faite à partir de l'ancienne version grecque, confirmée par les manuscrits de Qumrân.

[58] TOB **Psaume 2.7** : *Tu es mon fils, moi, aujourd'hui, je t'ai engendré* ; **2 Samuel 7.14** : *Moi, je serai pour lui un père et lui sera pour moi un fils* ; **Deutéronome 32.43** : *Et que se prosternent devant lui tous les anges de Dieu* ; **Psaume 103.4** : *Celui qui fait de ses anges des esprits et de ses serviteurs une flamme de feu* ; **Psaume 45.7-8** : *Ton trône, Dieu, est établi à tout jamais ! Le sceptre de la droiture est sceptre de ton règne. Tu aimas la justice et détestas l'iniquité, c'est pourquoi, ô Dieu, ton Dieu te donna l'onction d'une huile d'allégresse, de préférence à tes compagnons* ; **Psaume 102.26-28** : *C'est toi qui, aux origines, Seigneur, fondas la terre, et les cieux sont l'œuvre de tes mains. Elles périront mais toi, tu demeures. Oui, tous comme un vêtement vieilliront et comme on fait d'un manteau, tu les enrouleras, comme un vêtement, oui ils seront changés, mais toi, tu es le même et tes années ne tourneront pas court* ; **Psaume 110.1** : *Siège à ma droite, de tes ennemis, je vais faire ton marchepied.*

sions sont opérées d'une manière sélective et isolée, pour ne pas dire coupées, d'une manière surprenante en vue d'une actualisation inouïe. Dès ces premiers versets, ainsi qu'on le constate, le ton est donné quant à l'utilisation de l'Écriture Sainte dans l'argumentation théologique de toute l'Épître aux Hébreux ! Le dessein divin est éclairé par l'incorporation de tant de passages, sans tenir aucun compte de leurs contextes historiques et littéraires. La lecture messianique des psaumes si divers et la scission opérée dans certains pour attester la filiation divine du Christ sont pour le moins déroutantes. Ce procédé fonctionne comme une opération chimique de « fixation » qui consiste à introduire un élément nouveau dans un corps. Comme un corps, les textes vétérotestamentaires reçoivent un élément inconnu de leur lecture immédiate e de leurs contextes historiques et littéraires. La supériorité du Christ-Dieu aux anges est fondée sur cette lecture midrashique des trois composantes de l'Écriture Sainte. Ayant posé cette fondation quant à la filiation divine du Fils, et au-delà de toutes les autres métaphores, l'auteur va utiliser à sa manière l'herméneutique d'accomplissement en attestant que l'énigmatique Melkhisédek (Gn 14 et Ps 110) était la préfiguration du Fils de Dieu, le Christ. La nouvelle alliance annoncée dans les textes prophétiques, notamment ceux de Jérémie 31ss, est parfaitement accomplie en et par le Christ. Le personnage de Melkisédek reçoit une description insoupçonnée dans les textes vétérotestamentaires qui le mentionnaient. Ce qui est dit de Melkhisédek contribue à l'élaboration systématique d'une doctrine chrétienne fondamentale :

> *Mais lui, parce qu'il demeure éternellement, possède un sacerdoce qui n'est pas transmissible. C'est aussi pour cela qu'il peut sauver parfaitement ceux qui s'approchent de Dieu par lui, étant toujours vivant pour intercéder en leur faveur. Il nous convenait, en effet, d'avoir un souverain sacrificateur comme lui, saint, innocent, sans tache, séparé des pécheurs, et plus élevé que les cieux, qui n'a pas besoin, comme les souverains sacrificateurs, d'offrir chaque jour des sacrifices, d'abord pour ses propres péchés, ensuite pour ceux du peuple, car ceci, il l'a fait une fois pour toutes en s'offrant lui-même. En effet, la loi établit souverains sacrificateurs des hommes sujets à la faiblesse ; mais la parole du serment qui a été fait après la loi établit le Fils, qui est parfait pour l'éternité. Le point capital de ce qui vient d'être dit, c'est que nous avons un tel souverain sacrificateur, qui est assis à la droite du trône de la majesté divine dans les cieux, comme ministre du sanctuaire et du véritable tabernacle, qui a été dressé par le Seigneur et non par un homme.* (Hébreux 7. 24 - 8.2)

Chapitre 4

Le Messie confessé par les « Hébreux »

Les 14 premiers versets de l'Épître résonnent comme un vibrant hymne au Christ que confessent l'auteur et ses destinataires, une confession partagée par la Communauté primitive. Ayant déjà indiqué de quelle manière l'auteur utilise les Écritures dans ces versets et notamment dans sa défense de la supériorité du Fils aux anges, il nous suffira ici d'énumérer les différents éléments de cette confession. Ceux-ci concernent la personne, l'œuvre et la position actuelle du Christ. Hébreu 1.1-14 :

- Il est Fils ;
- C'est par lui que Dieu parle dans l'*eschaton* des jours[59] ;
- Dieu l'a établi héritier de toutes choses ;
- Il est à l'origine de la création des éons (âges ou siècles ;
- Il est le resplendissement de la gloire de Dieu ;
- Il est l'image exacte de la substance même de Dieu;
- Il soutient toute chose par sa parole puissante ;
- Il est auteur de la purification de *nos* péchés[60] ;
- Il s'est assis à la droite de la Majesté dans les hauteurs ;
- Il est supérieur aux anges
- Il a hérité d'un nom combien plus éminent que le leur !

Les énoncés christologiques du premier chapitre de l'Épître aux Hébreux rejoignent l'ensemble des écrits du Nouveau Testament quant à la question de la christologie qu'ils présentent. En effet, comme dans le reste du Nouveau Testament, cette Épître ne propose pas une dissertation sur le problème des deux natures du Christ, nature divine et nature humaine, comme il en a été question dans les débats christologiques de l'Église ancienne. Comme le disait Oscar Cullmann,

---

[59] Le Dieu de la Bible se révèle et révèle ; Christ est plus que sa voix pour *nous* parler à un moment pas comme les autres dans la succession des temps : il apparaît *ep'eskhatou tôn hémerôn* (à la fin des jours) !
[60] La tradition textuelle assez solide contient cette variante « *nos* ».

> *Dans le Nouveau Testament, on ne parle presque jamais de la personne du Christ sans qu'il soit question en même temps de son œuvre. Même dans le Prologue de l'Évangile de Jean où il est dit que « le Logos était avec Dieu, qu'il était Dieu », on ajoute immédiatement que par ce Logos « toutes choses ont été faites », - qu'il est donc le médiateur de la création.*[61]

Hormis l'absence du terme Logos dans l'Exorde de l'Épitre aux Hébreux, le lien entre Hébreux 1.1-4 et le Prologue johannique (Jean 1.1-18) est des plus forts. Les 2 passages présentent l'être et l'action du *Logos* et du *Fils*. La création et la rédemption leur sont concédées. Le *Logos* donne le pouvoir de devenir enfants de Dieu à ceux qui le reçoivent et croient en son nom. Le *Fils* est celui qui accomplit la purification de *nos* péchés. Le *Logos* est Dieu, le Dieu qui révèle et se révèle, le *Fils*, rayonnement de la gloire de Dieu et empreinte de la substance de Dieu est celui par qui Dieu parle dans cet *eschaton des jours*. La révélation est l'œuvre de Dieu en Christ *Logos* et *Fils* : *Personne n'a jamais vu Dieu ; Dieu l'unique qui est dans le sein Père, lui, l'a fait connaître.* (Jean 1.18).

En effet, la liste des énoncés christologiques ci-dessus, tirée seulement des 14 premiers versets de l'Épître aux Hébreux étayent ces propos de Cullmann. Il n'y est pas question d'une quelconque discussion sur les natures divine et humaine du Fils, mais aussi bien de sa personne que de son œuvre, son état et ses attributs, sa préexistence et sa position actuelle. Le thème de « la purification de nos péchés » énoncé dans ces versets ouvre le voile sur toute la christologie sacerdotale de l'Épître que l'auteur présente comme le point capital de son œuvre :

> *Or, le point capital de notre exposé, c'est bien un tel Souverain Sacrificateur que nous avons, lui qui s'est assis à la droite de du trône de la Majesté dans les cieux, comme ministre du sanctuaire et de la véritable tente dressée par le Seigneur et non par un homme.[...] Mais maintenant il a obtenu un ministère d'autant supérieur qu'il est le médiateur d'une alliance plus excellente, qui a été établie sur de meilleures promesses.*(Hébreux 8.1,2, 6)

Plutôt qu'un sauveur mythologique, le Christ confessé par les « Hébreux » a tous les traits d'un homme en dépit du fait qu'aux 13 mentions du nom de Jésus soient souvent joints les titres de Christ (10.10 ; 13.1, 8) et de Seigneur (3.20).

---

[61] Cullmann O., *Christologie du Nouveau Testament*, (Neuchâtel, Delachaux et Niestlé, 1968), p.11.

Ces deux titres conviennent parfaitement au Ressuscité-Glorifié qui a d'abord enduré l'abaissement, l'ignominie et la passion. Pour le dire, notre auteur applique au Christ le Psaume 86 et insiste sur sa gloire présente :

> *Car ce n'est pas à des anges qu'il a soumis le monde à venir, dont nous parlons. L'attestation en fut donnée quelque part en ces termes : « Qu'est-ce que l'homme pour que tu te souviennes de lui ? Ou le fils de l'homme, pour que tu portes tes regards sur lui ? Tu l'abaissas quelque peu par rapport aux anges ; De gloire et d'honneur tu le couronnas ; Tu mis toutes choses sous ses pieds » En lui soumettant toutes choses, il n'a rien laissé qui puisse lui rester insoumis. Or, en fait, nous ne voyons pas encore que tout lui ait été soumis, mais nous faisons une constatation : celui qui a été abaissé quelque peu par rapport aux anges, Jésus, se trouve, à cause de la mort qu'il a soufferte, couronné de gloire et d'honneur. Ainsi, par la grâce de Dieu, c'est pour tout homme qu'il a goûté la mort.*(Hébreux 2.5-9)

L'humanité du Christ que confessent les « Hébreux » est aussi affirmée dans la formule : au jour de sa chair. Sanctificateur, Christ est devenu semblable aux hommes au point qu'il n'éprouve pas de honte de les appeler *frères*. (2.11) C'est donc dans sa chair que, lors de la passion, Christ a goûté à la mort, imploré et supplié avec larmes et clameur, appris l'obéissance, enduré l'infamie... (2.9 ; 5.7, 8 ; 12.2) et qu'il a versé son sang (9.14). Étant donné que la doctrine chrétienne de l'incarnation du Fils est implicitement contenue dans les concepts et vocables des 4 premiers versets de l'Épître, l'auteur ne s'attardera pas sur les données historiques que nous offrent les Évangiles. Par contre, partant de l'affirmation que le Fils est préexistant, l'auteur reviendra sur les fonctions qu'il a accomplies dans sa chair, son incarnation (Hébreux 2 et 5) :

- Il a pu prendre en charge des hommes ;
- Il est devenu semblable à eux ;
- Il avait en commun avec eux « le sang et le chair » ;
- Il a souffert (comme eux) l'épreuve de la mort afin de les affranchir de cette même mort
- Il a été « rendu parfait » par ce qu'il a souffert ;
- Il a pu « conduire vers la gloire beaucoup de fils » ;
- C'est parce qu'il a souffert lui-même qu'il peut « venir en aide à ceux qui sont éprouvés » (« tentés ») ;

- Il est ainsi, pour les hommes, « le guide » (*arkhègos*) qui les conduit vers le salut ;
- Il est lui-même la cause du salut éternel.

De même que l'auteur ne raconte pas les voyages de Jésus, ni ses miracles, ni ses controverses avec ses interlocuteurs, ... ainsi en est-il du récit de la passion et de la résurrection. Cette dernière est implicite dans les énoncés de la position actuelle du Christ :

- Il s'est assis à la droite de la Majesté divine (1.3 ; 8.1) ;
- Il est couronné de gloire et d'honneur (2.7-8) ;
- Il est entré dans la Tente, la vraie qui n'est pas faite de mains d'hommes mais dressée par le Seigneur (8.1, 2) ;
- Il est vivant pour intercéder en faveur de ceux qui s'approchent de Dieu par lui (7.25) ;
- Il partage la gloire du trône divin (12.24), etc.

Comment rendre compte de la manière dont l'auteur de l'Épître aux Hébreux et ses destinataires perçoivent et confessent le Christ ? L'efficacité du traitement d'un tel sujet trouve sa source d'inspiration dans l'ouvrage devenu classique d'Oscar Cullmann, *Christologie du Nouveau Testament*. Son étude phénoménologique doublée d'une perspicacité exégétique et théologique de la méthode historique reste une référence dans ce sens qu'elle relève toutes les nuances subtiles ainsi que l'imbrication des fonctions relatives aux titres christologiques appliquées à Jésus dans le Nouveau Testament. En ce qui concerne cette brève étude portant essentiellement sur la *hupomonè* (constance, endurance, fermeté, patience et persévérance), nous relèverons quelques sept titres christologiques appliqués à Jésus dans l'Épître aux Hébreux, à savoir : Fils de Dieu, Christ, Roi, Seigneur, Souverain Sacrificateur, Médiateur et Pasteur. Notons, par ailleurs, que la lecture midrashique que l'auteur de l'Épître aux Hébreux applique dans ses citations aussi bien explicites et qu'allusives de son premier chapitre fait déjà du Fils « Dieu » et « Seigneur » de David.

Fils, Fils de Dieu :

Jésus le Messie est désigné par le vocable « Fils » dès les premières lignes de l'Épître aux Hébreux. Depuis longtemps les exégètes ne polémiquent plus sur l'absence d'article qui accorderait quelque caution à la traduction « un fils » insinuant l'existence de bien d'autres de son genre (Hébreux 1. 2). Le titre « Fils » est utilisé 12 fois pour présenter la singularité de la relation entre le Christ et Dieu.

Cet usage distingue celui par qui Dieu parle dans « *l'eschaton des jours* »[62] de tous les précédents hérauts envoyés auprès du peuple juif, les prophètes. Les données ontologiques et fonctionnelles de ce « Fils » qui constituent un condensé christologique et sotériologique révèlent cette singularité de sa relation à Dieu au point que le bien fondé de la traduction courante « le Fils » s'en trouve consolidé. Comparé à ceux par qui Dieu a parlé « à nos pères », celui par qui Il « nous a parlé » appartient à une catégorie différente de celle des prophètes : il a « le rang de fils », pour rappeler la nuance indiquée jadis par Héring.[63]

La vie, la passion et la résurrection de Jésus que présentent les Évangiles attirent l'attention des lecteurs sur cette désignation de Jésus de Nazareth comme Fils, Fils de Dieu sans aucun rapport avec les *theoi andres*, hommes dotés des puissances divines, les thaumaturges du monde polythéiste hellénistique, et encore moins avec les rois païens réputés fils des dieux depuis l'Égypte ancienne. Cullmann nous fait remarquer que dans les Synoptiques, c'est sur base d'une révélation surnaturelle que Jésus de son vivant est reconnu Fils de Dieu.[64] On se souviendra ici des scènes du baptême et de la transfiguration dont nous parlerons plus bas. La version matthéenne de la confession de Pierre dit : *Tu es le Messie, le Fils du Dieu vivant* ». Et Jésus précise que l'origine de cette confession n'est ni la chair ni le sang : *Tu es heureux, Simon, fils de Jonas ; car ce ne sont pas la chair et le sang qui t'ont révélé cela, mais c'est mon Père qui est dans les cieux.* (Matthieu 16.17). Jésus a déclaré Simon Pierre fils de Jonas bienheureux parce que seul Dieu qui connaissait le Fils le lui avait révélé : *Toutes choses m'ont été données par mon Père, et personne ne connaît le Fils, si ce n'est le Père ; per-*

---

[62] Expression traduite par « *ces derniers jours* » ou « *ces jours qui sont les derniers* ».
[63] Héring J., *L'Épître aux Hébreux*, (Neuchâtel, Delachaux et Niestlé, 1954), p. 21.
[64] Cullmann O., *Christologie du Nouveau Testament*, p.242.

sonne non plus ne connaît le Père, si ce n'est le Fils et celui à qui le Fils veut bien le révéler. (Matthieu 11.27) On croirait entendre ici les discours de révélation du Christ johannique ! En fait cette confession selon la version de Matthieu semble relever d'un autre contexte que celle reprise par Marc et Luc. Elle est à rapprocher d'une autre connue du Quatrième Évangile où Pierre dit tout simplement : « *Seigneur à qui irions-nous ? Tu as les paroles de la vie éternelle. Et nous avons cru et nous avons connu que tu es le Messie, le Saint de Dieu.* » (Jean 6.69). Lors de la tentation, c'est le Tentateur qui dit à Jésus : *Si tu es Fils de Dieu, ordonne que ces pierres deviennent des pains. […] Si tu es Fils de Dieu, jette-toi en bas…* (Matthieu 4.3,6). Ailleurs dans l'Évangile selon Marc, ce sont les démons qui parlent : *Les esprits impurs, quand ils le voyaient, se prosternaient devant lui, et s'écriaient : Tu es le Fils de Dieu.* (Marc 3.11) Ou encore : *Ayant vu Jésus de loin, il accourut, se prosterna devant lui, et s'écria d'une voix forte : Qu'y a-t-il entre moi et toi, Jésus, Fils du Dieu Très-Haut ? Je t'en conjure, au nom de Dieu, ne me tourmente pas.* (Marc 5.7) Quant au Quatrième Évangile, il mentionne plusieurs fois « Fils » comme pour souligner la singularité de relation entre Jésus et Dieu. Les discours qui font suite aux différents signes accomplis par Jésus montrent le Christ johannique comme le Fils du Père, l'Envoyé qui ne se nourrit que la volonté de l'Envoyeur divin, qui fait que les œuvres l'Envoyeur divin, ne dit que les paroles de l'Envoyeur divin…

La triple tradition relative au baptême de Jésus reste unanime sur la proclamation de la Voix céleste : *Et une voix fit entendre des cieux ces paroles : Tu es mon Fils bien-aimé, en toi j'ai mis toute mon affection.* (Matthieu 3. 17 ; Marc 1.11 ; Luc 3.22). Le récit de la transfiguration reprend cette proclamation mais y ajoute un élément nouveau qui relie la dignité du Christ de la tradition chrétienne primitive au message de l'Épître aux Hébreux. Cet élément c'est que le Fils par qui Dieu parle doit être écouté ! Et l'Exorde de notre Épître indique que c'est par ce Fils que le Dieu qui a parlé parle de nouveau dans cet *eschaton des jours*. (Hébreux 1.2). Il s'agit certainement du Fils qui parle encore des cieux :

> *Gardez-vous de refuser d'entendre celui qui parle ; car si ceux-là n'ont pas échappé qui refusèrent d'entendre celui qui publiait les oracles sur la terre, combien moins échapperons-nous, si nous nous détournons de celui qui parle du haut des cieux, lui, dont la voix alors ébranla la terre, et qui maintenant fait cette promesse : Une fois enco-*

re j'ébranlerai non seulement la terre, mais aussi le ciel. (Hébreux 10.25-26)

Outre le Quatrième Évangile, c'est l'Épître aux Hébreux qui fait du titre « Fils de Dieu » une des données christologiques fondamentales.

A part la première mention du « Fils » qui précise la situation de ce dernier (1.2-4), la question rhétorique du v. 5a qui arrache la citation du Psaume 2.7 à son contexte suppose une réponse attribuant la signification ultime cette Écriture citée à Jésus « que tous les anges de Dieu adorent » (Psaume 97.7). Il en est de même de la mention du « Fils » aux v. 5b, et 8, bien que les relents de l'application de cette dignité au roi ne soient pas à exclure. Cependant, cette citation du Psaume 45.7 au v. 8 se complexifie de façon outrancière jusqu'à l'appellation du Fils « Dieu » par Dieu lui-même (v.9). Les bases de la compréhension du « Fils » ayant ainsi été posée selon cette herméneutique midrashique, l'auteur applique de nouveau le Psaume 2 à Christ (5.5) en tant que Souverain Sacrificateur selon l'ordre de Melkhisédek et en tant que « Fils » qui a appris l'obéissance par les choses qu'il a souffertes (5.8). La comparaison avec la Moïse, le serviteur fidèle dans la maison Dieu a pour objectif de souligner la supériorité du Christ en tant que « Fils sur sa maison » (2.5-6). La mention du « Fils » au 4.14 est une ferme confession de foi en « Jésus, Fils de Dieu » comme Grand Souverain Sacrificateur différent des autres parce que ayant traversé les cieux pour accomplir un sacerdoce exclusif et unique devant Dieu. La sévérité de la mise en garde contre l'apostasie se fonde sur le fait qu'elle constitue une nouvelle crucifixion du « Fils de Dieu », Jésus. (6.6) Le titre christologique « Fils » est très étroitement lié à l'efficacité absolue et la perfection du sacerdoce et de la médiation du Christ comme en témoigne ce texte : « *En effet, la loi établit souverains sacrificateurs des hommes sujets à la faiblesse ; mais la parole du serment qui a été fait après la loi établit le Fils, qui est parfait pour l'éternité.* » (Hébreux 7.28) Jésus de Nazareth est donc accueilli et confessé comme « Fils de Dieu » non pour insister sur sa substance divine, mais surtout en relation à sa mission qu'il a menée à son achèvement absolu en sauveur parfait, lui qui de toute éternité était Dieu mais qui s'est fait homme, semblable aux hommes en toutes choses hormis le péché, au point de ne point avoir honte de les appeler ses *frères*. D'où cette confession des Hébreux et de l'Église de tous les temps : *Jésus-Christ est le même hier, aujourd'hui et éternellement !* (13.8)

Christ :

Ce titre « Christ » est la transcription du vocable grec « *christos* », lui-même rendant l'hébreu « *mâschiach* », Messie, Oint (d'huile). L'Évangéliste Jean est le seul à utiliser le vocable araméen « *messias* » et à en donner immédiatement la traduction en grec (Jean 1.41) : *Ce fut lui* [André] *qui rencontra le premier son frère Simon, et il lui dit : Nous avons trouvé le Messie (ce qui signifie Christ)*. L'utilisation courante du vocable grec dans le Nouveau Testament est donc empruntée à la traduction grecque de la Bible hébraïque, la Septante. Dérivé du verbe oindre (chriô), christ (messie) désigne celui qui a reçu l'onction en signe de consécration royale (1 Samuel 10.1) et sacerdotale (Exode 29.7 ; Lévitique 4.3ss) même si le peuple élu est parfois désigné par ce mot (Psaume105.15), et aussi une seule fois un roi païen, Cyrus (551-529) en fonction de la mission que le Dieu souverain lui assignera (Isaïe 45.1).

Dans l'Épître aux Hébreux, le titre « christ » est accolé au nom propre « Jésus » à trois reprises : Hébreux 10.10 ; 13.8, 21. A maintes reprises il est aussi employé avec l'article, « le Christ » : Hébreux 3.14 ; 5.5 ; 6.11 ; 9.14 ; 11.26. Mais avec ou sans article, comme c'est le cas dans Hébreux 9.11, 24, il est utilisé comme un nom propre « le Christ », désignant ainsi Jésus de Nazareth reconnu et confessé, d'une manière absolue, comme l'Oint de Dieu.

Or, au temps de Jésus, il n'existait pas en Israël des conceptions diverses pour désigner celui qui était l'objet des attentes du peuple. Toutefois, la conception qui tend à s'imposer est celle d'un messie nationaliste et politique, même si certaines idées sur le Rédempteur aient pu s'écarter de ce courant dominant.[65] Sans nous attarder sur les données bibliques et extrabibliques[66] du « messie royal », et encore moins sur bien des éléments de l'espérance d'un peuple dominé par les nations païennes au temps de Jésus,[67] nous reprenons ici les points essentiels

---

[65] On peut lire avec intérêt l'évolution et les débats sur les relectures chrétiennes du vocable « messie-christ » devenu un titre dans Coppens J., *Le messianisme roya*l, pp.129-158.
[66] *Psaumes de Salomon*. J'en relève quelques éléments dans mon ouvrage : *La Théologie Politique Africaine. Exégèse et Histoire* (Paris, L'harmattan, 2011). Les autres documents qui mettent en pleine lumière cette conception sont *l'Apocalypse d'Esdras* et *l'Apocalypse de Baruch*.
[67] Coppens J., *Le messianisme royal*, coll. Lectio divina 54, (Paris, Cerf, 1968) ; Grelot P., *L'espérance juive à l'heure de Jésus*, coll. Jésus et Jésus-Christ 62 (Paris, Desclée, 1994).

encore valables proposés jadis par Oscar Cullmann sur ce thème immense du Messie dans le judaïsme :

1. *Le Messie accomplit sa mission sur le plan purement terrestre.*
2. *Selon l'opinion attestée par les Ps. Sal., il inaugure la fin des temps ; selon une opinion plus récente, une période intermédiaire. Mais dans tous les cas, l'éon dans lequel il apparaît n'est plus le « siècle présent ». De ce point de vue temporel, le Messie se distingue donc du Prophète eschatologique.*
3. *L'œuvre du Messie est celle d'un roi politique d'Israël, que son caractère soit pacifique ou guerrier.*
4. *Le Messie juif est de la maison de David. C'est pourquoi il porte aussi le titre de « fils de David ».*[68]

Toutefois, sont aussi associés à ces traits essentiels ceux d'un Messie, Grand prêtre issu d'Aaron selon certains textes des Esséniens de Qumrân et le *Manuscrit de Damas*, ou encore dans les *Testaments des douze Patriarches*.[69] Les Qumrâniens semblent rejeter le messianisme politique en plaçant le Messie sacerdotal au-dessus du Messie politique royal. Mais c'est d'ailleurs l'auteur de l'Épître aux Hébreux qui en est arrivé à structurer une véritable christologie sacerdotale, en d'autres termes la doctrine du Messie (Christ) Grand Souverain Sacrificateur dont nous dirons quelques mots plus tard. En fait, cet effort de parler du Christ d'une part et du Christ Souverain Sacrificateur de l'autre, n'est pas aisé dans cette Épître tant l'imbrication des thèmes s'avère inextricable.

L'auteur de notre Épître ignore les réserves affichées par le Jésus des Synoptiques par rapport au titre « Christ », - sans toutefois le rejeter catégoriquement, - à cause certainement de la dominance du rôle nationaliste et politique des attentes messianiques populaires. Si notre auteur ne tient aucun compte de ces réserves, c'est à cause de sa relecture du sacerdoce lévitique qui trouve en Christ sa parfaite réalité. Du Psaume 110, un psaume royal bien connu des lecteurs juifs, notre auteur sélectionne, arrache à leur contexte les versets 1-4 qu'il actualise et applique au Christ (lecture midrashique), évitant soigneusement le reste du psaume qui comporte des éléments franchement belliqueux et politiques : *Le Seigneur, à sa droite, brise des rois au jour de sa colère. Il exerce la justice*

---
[68] Cullmann O., *Christologie du Nouveau Testament*, p.101.
[69] Testament de Lévi 18.

parmi les nations : tout est plein de cadavres ; Il brise des têtes sur l'étendue du pays. Il boit au torrent pendant la marche : C'est pourquoi il relève la tête. (Psaume 110. 5-7)

C'est ainsi que « Christ » avec ou sans article est devenu, pour notre auteur, la désignation de l'homme Jésus, Joshua de Nazareth qui a accompli le double office de « sacrifice » et « sacrificateur » de sorte qu'il réalise le salut parfait des hommes qui lui restent *fermement* attachés : *Car nous sommes devenus participants de Christ, pourvu que nous retenions fermement jusqu'à la fin l'assurance que nous avions au commencement.* (3.14) Il en est ainsi de tous les autres usages du titre « Christ » avec ou sans article dans l'Épître.[70] « Christ » est donc accolé au nom juif d'une personne réelle Jésus de Nazareth comme l'est également le titre « Fils de Dieu » à plusieurs reprises dans l'Épître parce que la manifestation du Fils éternel en Jésus pour le salut éternel du genre humain est une donnée fondamentale de la foi chrétienne.

Grand Souverain Sacrificateur :

Le titre de Souverain Sacrificateur (*arkhiereus*) est la désignation du Christ qui occupe le centre de l'argumentation théologique et du texte même de toute l'Épître aux Hébreux. L'auteur s'appuie sur 2 mentions vétérotestamentaires, pour le moins insolites de l'énigmatique Melkhisédek pour désigner Jésus de Nazareth *Souverain Sacrificateur*. En effet, ce personnage apparaît dans Genèse 14 où, en tant que sacrificateur du Très-Haut, il bénit Abraham et reçoit une dîme de sa part après les brillantes victoires militaires de ce dernier sur les rois vainqueurs et ravisseurs de son neveu Loth.

La deuxième mention est faite au Psaume 110. 4, psaume d'intronisation royale mais qui prend une tournure surprenante par la proclamation du roi-sacrificateur selon l'ordre de Melkhisédek. Considérant le sacerdoce lévitique comme caduc, l'auteur perçoit dans Melkhisédek une source de typologie de Jésus qui a accompli un sacerdoce exclusif, absolu, définitif, céleste et éternel en tant que Fils de Dieu. Lévi étant considéré, dans l'exégèse juive, comme présent dans les reins de son ancêtre Abraham, la supériorité du roi-sacrificateur Melkhisédek au

---

[70] Hébreux 3.14 ; 5.5 ; 6.11 ; 9.11, 14, 24 ; 11.26.

vénérable patriarche s'applique forcément à Lévi lui-même ainsi qu'à ses descendants sacrificateurs de l'ancienne alliance :

> *Or, sans aucun doute, c'est l'inférieur qui est béni par le supérieur. De plus, ici ce sont des hommes mortels qui perçoivent les dîmes, mais là c'est celui dont on atteste qu'il vit. Enfin c'est pour ainsi dire Lévi lui-même, lui qui perçoit la dîme, qui se trouve l'avoir payée en la personne d'Abraham ; car il était encore dans les reins de son aïeul, lorsque Melkhisédek se porta à sa rencontre. (7.7-10).*

Par ailleurs, l'auteur voit dans la passion du Christ le « sacrifice » offert une fois pour toutes par ce *Souverain sacrificateur* différent de ceux établis selon la loi et qui effectuaient un rite répétitif préfigurant l'œuvre définitive du Fils de Dieu. Le rachat des transgressions (Hébreux 9.15) fait penser au logion de la rançon pour la multitude de Marc 10.45 dont l'exégèse ne peut se passer de recours à la figure de l'Ebed Yahvé d'Isaïe. D'où l'exclamation de l'auteur de l'Épître aux Hébreux :

> *Oui, tel est le Souverain Sacrificateur qu'il nous fallait, saint, innocent, immaculé, séparé désormais des pécheurs, élevé plus haut que les cieux, qui ne soit pas journellement dans la nécessité, comme les souverains sacrificateurs d'offrir des victimes d'abord pour ses propres péchés, ensuite pour ceux du peuple, car ceci il l'a fait une fois pour toutes en s'offrant lui-même. (Hébreux 7.26-27).*

On notera ici que l'association des notions du « sacrifice » et du « sacrificateur » en la personne Jésus intègre l'idée du Serviteur de Yahvé d'Isaïe. A cette association il faut ajouter le caractère volontaire et parfait du « sacrifice » du Fils de Dieu, Souverain Sacrificateur selon l'ordre de Melkhisédek, *qui est sans père, sans mère, sans généalogie, dont les jours n'ont pas de commencement et dont la vie n'a pas de fin qui est assimilé au Fils de Dieu, ce Melkhisédek demeure toujours.* (7.3). On s'accorde ainsi avec Cullmann pour dire :

> *La dialectique propre au Nouveau Testament, qui découvre la majesté la plus haute dans l'abaissement le plus profond, se manifeste, grâce à la notion de Grand-Prêtre, dans la mort expiatoire de Jésus. C'est là que réside la grande importance de cette conception christologique.*

En même temps, Jésus accomplit ainsi l'ancien sacerdoce juif et, en l'accomplissant, le rend désormais superflu.[71]

Médiateur :

Le Ressuscité ayant un sacerdoce immuable demeure en activité : d'une part, il sauve parfaitement quiconque s'approche de Dieu par lui et de l'autre il assume le ministère d'intercession d'une efficacité absolue : *D'où il suit qu'il est capable de sauver de façon définitive ceux qui par lui s'approchent de Dieu, étant toujours vivant pour intercéder en leur faveur.* (7.25) D'où le titre de Médiateur (*mesitès*) !

Ce titre de Médiateur peut être considéré comme une variante de celui de Souverain Sacrificateur. Partout où ce second titre est utilisé, il ne fait qu'amplifier et préciser le rôle exclusif du Christ comme Souverain Sacrificateur, et il est mis en relation avec le thème de l'alliance :

- *Mais maintenant il a obtenu un ministère d'autant supérieur qu'il est le médiateur d'une alliance plus excellente, qui a été établie sur les meilleures promesses.* (8.6)
- *Et c'est pour cela qu'il est le médiateur d'une nouvelle alliance, afin que, la mort étant intervenue pour le rachat des transgressions commises sous la première alliance, ceux qui ont été appelés reçoivent l'héritage éternel qui leur a été promis.* (9.15)

La notion de médiation du Christ est contenue dans bien des passages qui ne le désignent pas clairement Médiateur. Et pourtant la fonction qu'il accomplit en fait le seul Médiateur par excellence entre Dieu et les hommes :

*Car Christ n'est pas entré dans un sanctuaire fait de main d'homme, en imitation du véritable, mais il est entré dans le ciel même, **afin de comparaître maintenant devant la face de Dieu**. Et ce n'est pas pour s'offrir plusieurs fois qu'il y est entré, comme le souverain sacrificateur entre chaque année dans le sanctuaire avec du sang étranger ; autrement, il aurait fallu qu'il eût souffert plusieurs fois depuis la création du monde, tandis que maintenant, à la fin des siècles, il a paru une seule fois pour abolir le péché par son sacrifice.* (Hébreux 9.24-26)[72]

---

[71] Cullmann O., *op.cit.* p.81.
[72] C'est nous qui soulignons.

Cette désignation du Messie comme Médiateur dans le cadre de la Nouvelle Alliance tire sa source dans l'Ancien Testament que connaissait si bien l'auteur de l'Épître aux Hébreux. En effet, l'une des lectures possibles d'un passage des temps messianiques, à savoir Isaïe 49.8-9, propose :

> [...] *Je ferai de toi le médiateur de mon alliance avec le peuple, pour relever le pays et pour distribuer les héritages désolés ; Pour dire aux captifs : Sortez ! Et à ceux qui sont dans les ténèbres : Paraissez ! Ils paîtront sur les chemins et ils trouveront des pâturages sur les coteaux.*

En ce qui concerne les livres du Nouveau Testament, le passage le plus clair désignant Jésus-Christ comme Médiateur, outre l'Épître aux Hébreux, se trouve dans 1 Timothée 2.5. Le contexte immédiat de ce verset nous apprend que Dieu désire le salut de tous les hommes. Il veut aussi que tous les hommes *parviennent à la connaissance de la vérité*. (v.4). Or cette expression de la connaissance de la vérité, comme nous l'avons notée dans Hébreux 6 désigne le salut par la foi en Jésus-Christ qui a versé son sang en vue de réaliser le salut parfait des pécheurs. Les versets 5 à 7 continuent en affirmant :

> *Car il y a un seul Dieu, et aussi un seul médiateur entre Dieu et les hommes, Jésus-Christ homme, qui s'est donné lui-même en rançon pour tous. C'est le témoignage rendu en son propre temps et pour lequel j'ai été établi prédicateur et apôtre, je dis la vérité, je ne mens pas, chargé d'instruire les païens dans la foi et la vérité.*

Le lien entre ces propos et le logion de la rançon dans Marc 10. 45 ainsi que les passage concernant Christ le Médiateur dans l'Épître aux Hébreux est d'une importance capitale dans la sotériologie du Nouveau Testament. Ce logion dit : *Car le Fils de l'homme est venu non pour être servi mais pour servir et donner sa vie en rançon pour la multitude.* Le Médiateur est homme. C'est en tant que tel qu'il donne volontairement sa vie pour rançon en faveur de ceux qui n'avaient rien à offrir pour leur salut. Par son sacrifice parfait et volontaire, il est le Médiateur de la Nouvelle Alliance, Médiateur entre Dieu et les hommes qu'il a délivrés et conduits à la perfection. Ce Médiateur est le Grand Souverain Sacrificateur saint, innocent, sans tache, séparé des pécheurs… qui leur rend le libre accès auprès du Dieu saint.

De plus la mystique chrétienne trouve dans l'approfondissement des effets du sacerdoce parfait du Christ, le Médiateur, un fondement insoupçonné :

> *Mais vous vous êtes approchés de la montagne de Sion, de la cité du Dieu vivant, la Jérusalem céleste, des myriades qui forment le chœur des anges, de l'assemblée des premiers-nés inscrits dans les cieux, du juge qui est le Dieu de tous, des esprits des justes parvenus à la perfection, de Jésus qui est le médiateur de la nouvelle alliance, et du sang de l'aspersion qui parle mieux que celui d'Abel.* (12.22-24).

L'idée de perfection atteinte par l'œuvre sacerdotale du Christ inclut aussi celle de l'accomplissement. Ces deux notions « perfection » et « accomplissement » sont fondamentales aussi bien dans l'argumentaire théologique que dans la sévère mise garde contre le manque de la *hupomonè* dans le chef de ceux qui ont été bénéficiaires du sacerdoce du Fils de Dieu.

Rendu « parfait » par le Père, ce Souverain Sacrificateur pour l'éternité à la manière de l'énigmatique Melkhisédek rendu semblable au Fils de Dieu (7.3), est le seul à amener ses *frères* à la « perfection » (2.10 ; 5.9 ; 7.28//2.10 ; 10.14)

Roi :

Eu égard aux attentes messianiques à l'époque de Jésus, l'auteur de l'Épître aux Hébreux évite soigneusement le titre de « Roi » dans la perspective terrestre, nationaliste et politique.[73] L'Épître aux Hébreux n'est pas le seul écrit du Nouveau Testament à le faire tellement d'études abondent sur cette réserve de Jésus lui-même.[74] Cependant, comme l'a indiqué Spicq, et après lui tant d'autres auteurs, des affirmations abondent pour soutenir un certain messianisme royal dans l'Épître.[75] Le Fils reçoit l'onction royale (1.9). La royauté lui revient (1.8). Le Fils est gratifié d'une intronisation céleste et éternelle à la droite de Dieu (1.3, 13 ; 12.2).

Et tout ce qui lui est attribué évoque sa royauté même si l'auteur se garde d'affirmer que Jésus est le *Messie-Roi* :

- le spectre (1.8),

---

[73] Grelot P., *Une lecture de l'Épître aux Hébreux*, p. 150.
[74] Coppens J., *Le messianisme royal*, pp. 175ss
[75] Spicq C., *L'Épître aux Hébreux*, tome I, p. 120 ; Coppens J., *Le messianisme royal*, p. 148

- la couronne (2.7, 9),
- le trône (1.8),
- l'héritage de toutes choses (1.4),
- la gloire supérieure à celle de Moïse (1.3 ; 2.7, 9 ; 3.3 ; 5.5 ; 13.21)

Seigneur :

Ce qui précède permet de comprendre pourquoi le titre de « Seigneur » (*Kyrios*) attribué à Dieu dans la LXX et repris dans les citations de l'Ancien Testament que fait l'auteur soit spécifiquement attribué à Jésus :

- *Car il est notoire que notre Seigneur est sorti de Juda, tribu dont Moïse n'a rien dit pour ce qui concerne l'autel* ; (7.14)
- *Que le Dieu de paix, qui a ramené d'entre les morts le grand pasteur des brebis, par le sang de l'alliance éternelle, notre Seigneur Jésus* …(13.20)

L'Exorde de l'Épître regorge d'affirmations très fortes sur l'intimité de la relation entre le Fils et le Père (1.1-4). Ces affirmations établissent la participation de Jésus, dans l'éternité, à l'œuvre divine en tant que resplendissement de sa gloire et image exacte de son être. Les citations contenues dans 1.5-13 montrent Dieu l'appeler « Dieu ».

A cette époque romaine, un seul homme sur la terre avait le droit de revendiquer le titre absolu de *kyrios*, c'était l'Empereur depuis Auguste. Mais au-dessus de l'Empereur et de tout homme, les Juifs n'avaient pour Seigneur que l'Eternel, le seul qui règne d'éternité à l'éternité sur la terre et dans les cieux ; le seul qui soit le Roi des rois et le Seigneur des princes de la terre ! Quand l'Épître aux Hébreux confesse que Jésus s'est assis à la droite de la Majesté divine, elle le proclame Seigneur et Roi dans sa souveraineté divine. S'inspirant du psaume royal comme bien d'autres écrits du Nouveau Testament,[76] l'Épître aux Hébreux s'accorde implicitement avec 1 Timothée et l'Apocalypse pour dire que Jésus est *basileus tôn basileôn* (roi des rois) et *kyrios tôn kyriontôn* (seigneur des seigneurs) : 1 Timothée 6.15 ; Apocalypse 17.14.

---

[76] Matthieu 22.44 ; 26.64 ; Marc 12.36 ; 14.62 ; 16.19 Luc 20.42 ; 22.69 ; Actes 2.34 ;; 5.31 ; 7.55 ; Romains 8.34 ; 1 Corinthiens 15.25 ; Ephésiens 1.20 : Colossiens 3.1 ; 1 Pierre 3.22 ; Apocalypse 3.21.

L'Épître aux Hébreux s'accorde aussi avec la fin de l'hymne christologique de Philippiens à l'honneur de celui dont la condition était celle de Dieu, mais qui s'est humilié lui-même et s'est abaissé jusqu'à la mort sur la croix, mais aussi glorifié après sa résurrection : *C'est pourquoi aussi Dieu l'a souverainement élevé et lui a donné le nom qui est au-dessus de tout nom, afin qu'au nom de Jésus tout genou fléchisse dans les cieux, sur la terre et sous la terre, et que toute langue confesse que Jésus-Christ est* **Seigneur**, *à la gloire de Dieu le Père.* (Philippiens 2.9-11).[77]

Cet hymne se situe dans la droite ligne du kérygme apostolique proclamé par Pierre dès sa première prédication lors de la Pentecôte :

> *C'est ce Jésus que Dieu a ressuscité ; nous en sommes tous témoins. Élevé à la droite de Dieu, il a reçu du Père le Saint-Esprit qui avait été promis, et il l'a répandu, comme vous le voyez et entendez. Car David n'est point monté au ciel, mais il dit lui-même : « Le Seigneur a dit à mon Seigneur : Assieds-toi à ma droite, jusqu'à ce que je fasse de tes ennemis ton marchepied. » Que toute la maison d'Israël sache donc avec certitude que Dieu a fait* **Seigneur** *et* **Christ** *ce Jésus que vous avez crucifié.* (Actes 2.32-36).[78]

Grand Pasteur :

Ce titre apparaît une seule fois dans le Nouveau Testament et ici dans un texte concernant la résurrection de Jésus[79] :

> *Que le Dieu de paix, qui a ramené d'entre les morts le grand pasteur des brebis, par le sang de l'alliance éternelle, notre Seigneur Jésus vous rende capables de toute bonne œuvre pour l'accomplissement de sa volonté, et fasse en vous ce qui lui est agréable, par Jésus-Christ, auquel soit la gloire aux siècles des siècles ! Amen !* (13.20-21).

Ce texte est aussi un passage fort concernant l'alliance. Le sang qui parle mieux que celui d'Abel, le sang de Jésus, est celui de la nouvelle alliance, l'alliance du Parfait qui conduit ses brebis à la perfection. Jésus est à la fois le Seigneur, à savoir « le souverain divin » et le Pasteur présent. Les « brebis » dont le Christ

---

[77] C'est nous qui soulignons.
[78] C'est nous qui soulignons.
[79] Dans 1 Pierre 5. 4, Christ est appelé « *archipoimen* », souverain berger. L'auteur de l'Épître aux Hébreux le désigne « *poimen mégan* », grand berger, de même qu'il l'appelle grand souverain sacrificateur.

ressuscité est le grand Berger sont les brebis de Dieu, comme l'assemblée ecclésiale est appelée « le troupeau » dans 1 Pierre 5. 3. Il est donc ici fait mention d'un titre qui indique que le Ressuscité est encore à l'œuvre en tant que Pasteur, lui qui est en même temps **Intercesseur** efficace et **Sauveur** parfait : *C'est pour cela qu'il peut sauver parfaitement ceux qui s'approchent de Dieu par lui, étant toujours vivant pour intercéder en leur faveur.* (Hébreux 7.25) Le lien avec le Quatrième Évangile est remarquable (Jean 10). Le Christ terrestre est le Bon Berger qui donne sa vie pour ses brebis (Jean 10.11). Il donne sa vie volontairement ; il a le pouvoir de la donner et le pouvoir de la reprendre selon l'ordre du Père (Jean 10.17-18). Il a pour mission de ramener à la bergerie les brebis qui sont encore ailleurs afin que toutes deviennent « un troupeau » sous la protection et la conduite d'un « seul berger » (Jean 10.16). Le Christ johannique déclare être « venu afin que les brebis aient la vie, et qu'elles soient dans l'abondance » (Jean 10.10). Selon l'Épître aux Hébreux, le Ressuscité élevé dans sa gloire éternelle est le Grand Pasteur des brebis en pérégrination.

C'est en tant que Grand Pasteur, que le Ressuscité Glorifié, qui est assis à la droite de la Majesté divine, apporte le secours opportun à ses brebis dont la pérégrination est faite aussi de contradictions dans les tribulations, les épreuves (tentations), et les besoins.

La position actuelle du Grand Pasteur est décrite dans cette expression qui dépasse l'entendement humain : la position du Christ glorifié à la droite de Celui qui n'a ni droite ni gauche, le Tout-Puissant. Le secours que le Médiateur et le Grand Pasteur apporte au pèlerin sur la terre relève de la toute-puissance divine et du « tout pouvoir » qui lui a été donné au ciel et sur ce terrain de pérégrination qui la terre. Le pèlerin racheté par le sang l'Alliance éternelle peut compter sur la fidélité de Celui qui a donné sa vie en rançon pour lui et qui est toujours vivant pour intervenir dans toutes les vicissitudes des contingences humaines.

Chapitre 5

L'Alliance des « Hébreux »

Le thème de l'alliance occupe une place importante dans les « études » de l'Ancien comme du Nouveau Testament. Il s'est imposé dans les réflexions théologiques marquées par une certaine dose de systématisation qui, quelque fois, pèchent par un certain manque de rigueur. Elles ont pris pour désignation : *théologie de l'alliance*. Ces constructions systématisées s'appuient invariablement sur les textes bibliques de la Genèse à l'Apocalypse. Dans ces lignes, je m'arrêterai spécialement à la notion de l'alliance telle que développée par l'auteur de l'Épître aux Hébreux. Or, pour une meilleure intégration de ce thème dans l'élaboration de son message en général et dans les concepts issus de son usage du vocable *hupomonè* en particulier, j'évoquerai rapidement l'alliance dans le Nouveau Testament.

Les traducteurs de la Bible hébraïque en grec, ont rendu dans la Version de la Septante le vocable hébreu *berith* par le grec *diathekè*.[80] Le relevé statistique démontre que sur 287 passages contenant le terme hébreu *berith*, la Septante a traduit ce vocable par *diathekè* à 267 reprises. Contrairement aux termes grecs *spondè* et *suntheke* qui désignent l'alliance avec une forte nuance de pacte ou d'un partenariat c'est-à-dire un accord réciproque, *diathekè* insinue spécialement qu'une partie prend l'initiative et en impose à une autre.

On peut remonter à l'époque patristique, notamment à Irénée de Lyon, Jean Chrysostome et Augustin d'Hippone, pour voir apparaître quelques ébauches d'élaboration d'une réflexion théologique mentionnant l'alliance. Mais c'est tardivement que la *théologie de l'alliance* sera élaborée pour affirmer que les relations initiées par Dieu à l'endroit des hommes et en faveur des hommes sont régies dans un cadre d'alliances selon les Écritures. Après l'alliance du Jardin

---

[80] Le vocable grec *diathekè* est utilisé directement ou remplacé par un pronom ou par un déterminant dans les passages suivants de l'Épître aux Hébreux : 7.22 ; 8. 6,7,8,9 ; 9.4, 15, 16-20 ; 10.16, 29 ; 12.24 et 13.20

d'Éden (alliance adamique), appelée plus tard l'alliance des œuvres[81], les 5 autres alliances que reprennent les études de cette construction théologique dite *théologie de l'alliance* sont : l'alliance noachique (avec Noé ; Genèse 6 et 9), l'alliance abrahamique (avec Abraham ; Genèse 12, 15 et 17), l'alliance mosaïque (alliance avec Israël sous la direction de Moïse ; elle est aussi dite « alliance sinaïtique » en référence au mémorable lieu du don de la Loi, le Mont Sinaï ; Exode 19 à 24), l'alliance davidique (avec David ; 2 Samuel 7) et enfin la Nouvelle Alliance (d'abord annoncée par la médiation prophétique vétérotestamentaire, et puis fondée et accomplie dans l'œuvre sacerdotale et le sang du Christ).[82]

Le Réformateur dont on retient le nom comme ayant ouvert la voie à une *théologie de l'alliance* est sans conteste Jean Calvin, dont l'ouvrage *Institution chrétienne* (1559) est la référence incontournable. Certes, Jean Calvin ne développe pas la *théologie de l'alliance* telle qu'elle le sera avec des fortunes diverses en milieux réformés et presbytériens, ou par certains méthodistes et baptistes calvinistes, mais son œuvre soulignant la continuité de la révélation y a conduit. Deux disciples de Calvin sont à mentionner à la suite du Réformateur de Genève : Zacharie Ursinus (1562) et Gaspard Olenianus (1585). Cependant, dans l'historiographie consacrée à ce thème, l'élaboration d'une théologie biblique systématisée dans son amplitude magistrale revient au théologien hollandais formé en Allemagne Johannes Coch, dont le nom fut latinisé en « Cocceius ».[83] Son œuvre distingue *foedus naturale* **avant** la chute et *foedus gratia* **après** la chute comme 2 types d'alliances, celle des œuvres et celles de grâce. L'alliance au Jardin d'Éden étant subordonnée à l'accomplissent du prescrit divin par l'homme est dite « alliance des œuvres », tandis que les autres alliances seraient « alliance de grâce », Dieu ayant pourvu lui-même à leur accomplissement ulti-

---

[81] Elle est dite « alliance des œuvres » à cause du fait que la désobéissance de l'homme aux instructions divines conduit à son abrogation. Dès la désobéissance de l'homme dite « la chute », l'alliance fut brisée.

[82] Ces alliances sont appelées « alliances de grâce », Dieu ayant pourvu aux moyens de satisfaire chacune des alliances émanant de sa souveraine initiative. Les alliances de grâce trouvent leur accomplissement en la personne du Christ.

[83] Né à Brème en Allemagne soit le 9 août 1603 soit le 30 juillet de la même année, selon les sources, et mort le 4 novembre 1669. Hébraïsant et théologien bibliste hors pair, il a su interpréter les Écritures d'une manière en rupture avec le système scholastique de son temps, au point de relever une série d'alliances d'où il élaborera « la théologie de l'alliance » ou « la théologie fédérale ».

me. On ne peut manquer de notre que même au Jardin d'Éden, l'après chute connaît aussi l'annonce de la « descendance » d'Ève qui écraserait la tête du tentateur !

Quel que soit l'angle à partir duquel on aborde le thème ou la notion de l'alliance, ce mot en appelle à l'attention rigoureuse du lecteur de l'ensemble de la Bible, et non seulement de quelques traditions arbitrairement isolées.

La *théologie de l'alliance* qui a connu plusieurs articulations dans l'histoire en tant que système de compréhension des Écritures Saintes (Ancien et Nouveau Testament) et de l'histoire du salut ne sera pas développée dans ces pages. Cependant, comme nous l'avons insinué, la notion de l'alliance dans l'Épître aux Hébreux s'intègre dans celle plus globale du Nouveau Testament dans son ensemble. Or les auteurs du Nouveau Testament ne se limitent pas à l'utilisation du vocable *diathekè* emprunté à la traduction de *berith* dans la Septante, mais en appellent à une autre alliance, antérieure celle-là qui se trouve dans l'Ancien Testament. En ce qui concerne donc cette seconde partie de la Bible chrétienne, je citerai un extrait de *La théologie de l'Alliance dans le Nouveau Testament* de Joseph Cardinal Ratzinger qui vient d'annoncer ce jour-même (11 février 2013) sa renonciation au ministère d'Évêque de Rome et de Pape de l'Église catholique romaine. Le Cardinal Ratzinger écrivait :

> *Ce que nous appelons « Alliance » ne doit jamais être entendu dans la Bible comme un rapport symétrique de deux partenaires qui entrent dans un rapport contractuel l'un avec l'autre et s'imposent mutuellement des obligations et des sanctions : cette idée de partenariat (Partnerschaft) de même niveau est inconciliable avec l'image biblique de Dieu. La Septante suppose plutôt que l'homme serait lui-même hors d'état d'établir un rapport avec Dieu, et encore moins de lui donner et de recevoir quelque chose en échange, ou surtout de lui imposer des obligations comme une chose correspondant aux actions entreprises elles-mêmes. Lorsqu'il y va d'un rapport entre Dieu et l'homme, cela ne peut se dérouler qu'à travers une libre initiative de Dieu, dont la souveraineté demeure totalement intacte. Il s'agit de la sorte d'un rapport asymétrique, parce que dans la créature, Dieu est et reste le tout autre : l'Alliance n'est pas un contrat de réciprocité, mais un don, un acte créateur de l'amour de Dieu. Par cette affirmation, nous allons déjà, il est vrai, au-delà de la question philologique. Bien que la figure de l'Alliance reproduise les contrats hittites et as-*

> *syriens, dans lesquels le suzerain impose son droit au vassal, l'Alliance de Dieu avec Israël est plus qu'un contrat de vassalité : Dieu, le roi, ne reçoit rien de l'homme, mais en réalité, il lui donne, dans le don de son droit, le chemin de la vie.*[84]

Même si les récits d'alliances semblent avoir été conçus sur le modèle des traités de vassalité qui liaient un suzerain à un petit État, la conception de Dieu tout-puissant, éternel et immuable dans l'Ancien Testament et la notion de l'amour de ce Dieu envers son peuple donnent aux alliances bibliques, «Ancienne » et « Nouvelle Alliance » une particularité tournée vers l'éternité de et en Dieu. Annoncée dans Jérémie 31.31-34, la « Nouvelle Alliance » est distincte de l'Ancienne constituée de diverses alliances marquées d'une part par les ordonnances et d'autre part par la promesse. Selon les prophéties d'Isaïe et d'Ézéchiel, la « Nouvelle Alliance » a une portée éternelle.[85] Certes les Épîtres pauliniennes et l'Épître aux Hébreux parlent de cette Alliance, mais les récits évangéliques de la Cène s'avèrent être d'une importance déterminante parce que contenant la théologie narrative emprunte de l'historicité événementielle sans l'argumentation propre aux écrits épistolaires :

> **Matthieu 26.26-29** : *Pendant qu'ils mangeaient, Jésus prit du pain ; et après avoir rendu grâces, il le rompit et le donna aux disciples, en disant : Prenez, mangez, ceci est mon corps. Il prit ensuite une coupe ; et après avoir rendu grâces, il la leur donna, en disant : Buvez-en tous ; car ceci est mon sang, le sang de l'alliance, qui est répandu pour plusieurs, pour la rémission des péchés. Je vous le dis, je ne boirai plus désormais de ce fruit de vigne, jusqu'au jour où j'en boirai du nouveau avec vous dans le royaume de mon Père.*

> **Marc 14.22-25** : *Pendant qu'ils mangeaient, Jésus prit du pain ; et, après avoir rendu grâces, il le rompit, et le leur donna, en disant : Prenez, ceci est mon corps. Il prit ensuite une coupe ; et, après avoir rendu grâces, il la leur donna, et ils en burent tous. Et il leur dit : Ceci est mon sang, le sang de l'alliance, qui est répandu pour plusieurs. E vous le dis en vérité, je ne boirai plus jamais du fruit de la vigne, jusqu'au jour où je le boirai nouveau dans le royaume de Dieu.*

> **Luc 22.15-20** : *Il leur dit : J'ai désiré vivement manger cette Pâque*

---

[84] Joseph Cardinal Ratzinger, *La Théologie de l'Alliance dans le Nouveau Testament*, Communication du lundi 23 janvier 1995, publiée par l'Académie des Sciences morales et politiques (http://www.asmp.fr).
[85] Isaïe 55.3 ; Ézéchiel 16.60 ; 34.25 ; 37.26.

> *avec vous, avant de souffrir ; car, je vous le dis, je ne la mangerai plus, jusqu'à ce qu'elle soit accomplie dans le royaume de Dieu. Et, ayant pris une coupe et rendu grâces, il dit : Prenez cette coupe, et distribuez-la entre vous ; car je vous dis, je ne boirai plus désormais du fruit de la vigne, jusqu'à ce que le royaume de Dieu soit venu. Ensuite il prit du pain ; et après avoir rendu grâces, il le rompit, et le leur donna, en disant : Cette coupe est la nouvelle alliance en mon sang, qui est répandu pour vous.*

Nous ne pouvons pas évoquer ici toutes les différences et les ressemblances entre les récits, ni les détails des discussions possibles concernant les traditions éventuelles utilisées par les évangélistes ou tout simplement résultant d'une minutieuse comparaison ou analyse synoptique. Notre propos dans ces paragraphes nous limite au thème de l'Alliance. Nous remarquons d'emblée le lien entre les paroles relatives à la coupe désignant celle-ci comme *la nouvelle alliance,* et que celle-ci est dans **le sang** de Jésus lequel *est répandu pour vous,* les disciples (dans Luc). Cette lecture est identique au texte de Paul : *Cette coupe est la nouvelle alliance en mon sang* (1 Corinthiens 11.25)[86]. Quant à Matthieu et Marc, ils présentent une version à la fois différente et signifiante de la parole concernant la coupe. Celle-ci *est mon sang, le sang de l'alliance*. A la place du « vous » de Luc, ces deux évangélistes désignent les bénéficiaires du sang de l'alliance comme étant les *polloi*, plusieurs, la multitude indéterminée. Et ce même terme qui désigne les bénéficiaires du *rachat* par le don de la vie du Fils de l'homme : *Car le Fils de l'homme est venu non pour être servi, mais pour servir et donner sa vie en rançon pour plusieurs.* (Marc 10.45). C'est ici un logion dont une judicieuse interprétation ne peut se passer du chant du Serviteur Souffrant *méprisé et abandonné des hommes*, mais *qui a porté nos souffrances, blessé pour nos péchés*, sur lequel *l'Eternel a fait retomber l'iniquité de nous tous*, lui qui *a porté les péchés de beaucoup d'hommes* et qui *a intercédé pour les coupables.* (Isaïe 53.3, 4, 6, 12).

---

[86] Paroles d'institution de la Cène dans Paul : *Car j'ai reçu du Seigneur ce que je vous enseigné ; c'est que le Seigneur Jésus, dans la nuit où il fut livré, prit du pain, et après avoir rendu grâces, le rompit, et dit : Ceci est mon corps, qui est rompu pour vous ; faites ceci en mémoire de moi. De même, après avoir soupé, il prit la coupe, et dit : Cette coupe est la nouvelle alliance en mon sang ; faites ceci en mémoire de moi toutes les fois que vous en boirez. Car toutes les fois que vous mangez ce pain et que vous buvez cette coupe, vous annoncez la mort du Seigneur jusqu'à ce qu'il vienne.* (1 Corinthiens 11.23-26)

Les expressions « le sang de l'alliance », « répandu » ... renvoient aux paroles de conclusion de l'alliance que Dieu a offerte à son peuple au Sinaï : *Moïse prit le sang, et il le répandit sur le peuple, en disant : Voici le sang de l'alliance que Dieu a faite avec vous selon toutes ces paroles.* (Exode 24.8) C'est dans les mêmes termes qu'apparaît la dernière mention de l'alliance dans l'Épître aux Hébreux : *Que le Dieu de paix qui a fait remonter d'entre les morts, par la sang de l'alliance éternelle, le grand pasteur des brebis, notre Seigneur Jésus, vous rende aptes à tout ce qui est bien pour faire sa volonté...* (13.20).[87]

Quant au corps du Seigneur annoncé dans le pain de la Cène, le corps rompu, le corps brisé, il trouve plus qu'un écho dans la reprise du Psaume 40. 7-9 appliqué au Seigneur Jésus selon la lecture midrashique de l'Écriture Sainte faite dans l'Épître aux Hébreux :

> *Mais le souvenir des péchés est renouvelé chaque année par les sacrifices ; car il est impossible que le sang des taureaux et des boucs ôte les péchés. C'est pourquoi Christ, entrant dans le monde dit : « Tu n'as voulu ni sacrifice ni offrande, mais tu m'as formé un corps ; tu n'as agréé ni holocaustes ni sacrifices pour le péché. Alors j'ai dit : Voici je viens (Dans le rouleau du livre il est question de moi) pour faire, Ô Dieu, ta volonté ». Après avoir dit d'abord : « Tu n'as agréé ni sacrifices ni offrandes, ni holocaustes ni sacrifices pour le péché (ce qu'on offre selon la loi) », il dit ensuite : « Voici, je viens pour faire ta volonté ». Il abolit ainsi la première chose pour établir la seconde.* (10.3-9)

Après cette citation complexe de l'Écriture Sainte, l'auteur de l'Épître aux Hébreux conclut, à propos du corps du Seigneur et de sa soumission à la volonté et au dessein divins, en en appliquant le bénéfice à une multitude : *C'est en vertu de cette volonté que nous sommes sanctifiés, par l'offrande du corps de Jésus-Christ, une fois pour toutes.* (10.10)

L'Épître aux Hébreux ne décrit pas une série d'alliances comme s'en occupe la construction théologique appelée « théologie de l'alliance » ou « théologie fédérale ». Par contre, elle voit dans la personne et l'œuvre de Jésus l'alliance présentée comme :

---

[87] En effet le vocable *diathekè*, dans le sens d'alliance, apparaît expressément, par un déterminant ou à travers un pronom dans plusieurs passages, et cela dans les chapitres 7,8,9,10 et 13 si importants dans le traitement de l'enseignement capital de l'Épître.

1. La meilleure alliance (7.22)
2. La seconde alliance (8.6-7)
3. La nouvelle alliance (8.8,9 ; 9.15 ; 12.24)
4. L'alliance éternelle (13.20)

Cette alliance a pour initiateur et ordonnateur seul le Dieu souverain qui l'accorde par *l'effusion du sang, le sang de l'alliance*, le sang du Christ Jésus. Par conséquent, si on peut parler des alliances dans l'Épître aux Hébreux, il n'y en a que deux : la première, celle avec les pères, et inaugurée par le sang des bêtes et celle du salut des « Hébreux » encore en pérégrination qui est « la seconde », « la nouvelle », « la meilleure », « l'alliance éternelle » par le sang de celui qui s'est donné une fois pour toutes comme *sacrifice* et qui s'est présenté devant Dieu dans les hauteurs, comme *grand souverain sacrificateur* selon l'ordre de Melkisédek, sans péché et une fois pour toutes.[88] Cette alliance des Hébreux est aussi celle de *plusieurs*, de toute *la multitude* indéterminée des pèlerins rachetés et qui doivent endurer, tenir ferme, demeurer constants, patienter, résister, persévérer jusqu'à ce qu'ils participent avec le Ressuscité au festin eschatologique du Royaume ; résister et persévérer « jusqu'à ce le Seigneur vienne » !

---

[88] Cette nouvelle alliance est opposée à l'ancienne, inefficace et devenue caduque, car elle est accomplie dans et par le sang précieux du Fils de Dieu versé pour la multitude.

Chapitre 6

Double fondement
de la « *hupomonè* » chrétienne

6.1. L'œuvre sacerdotale de Jésus-Christ

> « *Ainsi, puisque nous avons un grand souverain sacrificateur qui traverse les cieux, Jésus, le fils de Dieu, tenons ferme la profession de foi. Car nous n'avons pas un souverain sacrificateur qui ne puisse compatir à nos faiblesses ; au contraire, il a été tenté comme nous en toutes choses, sans commettre de péché. Approchons-nous donc avec assurance du trône de la grâce, afin d'obtenir miséricorde et de trouver grâce, pour être secourus dans nos besoins.* » (4. 14)

Ces versets, se présentent comme conclusion logique (« *oûn* », donc) du grand sacerdoce relatif à la grandeur du Fils, du sacerdoce du Christ, et à sa fraternité avec les hommes (ch.1-4).

Dans ces chapitres, l'auteur recourt à l'Ancien Testament qu'il cite assez diversement, à l'aide des procédés midrashiques, pour montrer l'œuvre de Dieu et démontrer la désobéissance des Israélites, postérité d'Abraham, sous la conduite de Moïse et puis de Josué. Il procède de cette façon, pour amener ses destinataires à une prise de position plus ferme quant à l'appropriation de la promesse :

> *Or, puisqu'il est encore réservé à quelques-uns d'y entrer et que ceux à qui d'abord la promesse a été faite n'y sont pas entrés à cause de leur désobéissance, Dieu fixe de nouveau un jour - aujourd'hui - en disant « dans le texte de David déjà cité : Aujourd'hui, si vous entendez sa voix, n'endurcissez pas vos cœurs.* (4. 6-7 ; cf. Psaume 95.7-8).

Ce « sermon » du Psaume 95. 7,8 que l'auteur place dans ses propres phrases s'harmonise avec les participes présents qui abondent dans ses séquences parénétiques : « *Ekhontes oûn arkhieréa mégan* » (« ayant donc un Grand Souverain Sacrificateur », 4. 14 cf. 10. 19).

En effet, ce participe présent « *ékhontes* » indique l'actualité du sacerdoce de Jésus pour ces chrétiens : ils ont Jésus pour Souverain Sacrificateur. Mais dans le verset 14, Jésus est bien plus qu'un souverain sacrificateur parmi tant d'autres : il est « *arkhiereùs mégas* » (grand souverain sacrificateur). Ce qualificatif le place au-dessus des souverains sacrificateurs qu'avait connus Israël. Grand Souverain Sacrificateur (*Arkhiereùs mégas*) qui est presque un pléonasme, ne semble pas être une invention de notre auteur parce qu'on le retrouve aussi chez Philon[10]. D'ailleurs dans I Maccabées, Simon fut le premier des Hasmonéens à recevoir comme titre officiel « grand souverain prêtre »[11] : L'an cent soixante-dix, le joug des nations fut ôté d'Israël et le peuple commença à dater les actes et les contrats de « l'an un de Simon, grand souverain sacrificateur, stratège et chef des Juifs (1 Maccabées 14.41-42). « *Mégas* » pourrait signifier « puissant », indiquant ainsi une qualification d'excellence et d'efficacité du sacerdoce de Jésus par comparaison à celui des Lévites[12]. Jésus est « *arkhiereùs mégas* » parce qu'il est Fils de Dieu et qu'il a traversé les cieux. Il est Grand Souverain Sacrificateur sans péché contrairement à tous les sacrificateurs et souverains sacrificateurs qui se sont succédés dans le service cultuel en Israël.

Le participe parfait « *dielèluthota* » (ayant traversé) indique que cette traversée est bel et bien achevée et que ses effets demeurent pratiquement inaltérables. Le passage à travers les cieux est un concept bien connu dans l'apocalyptique juive (Hénoch, l'Ascension d'Isaïe, Baruch). Hénoch, par exemple, aurait été guidé par un ange pour accomplir ce voyage à travers les cieux.[89]

Cependant, selon notre auteur, Jésus a traversé les cieux *seul et pour un but* : accomplir un ministère sacerdotal parfait, jadis préfiguré par celui des Lévites. Ainsi, le passage à travers les cieux dans l'Épître aux Hébreux ne reprend pas banalement une vieille idée contenue dans l'apocalyptique juive. Car Jésus le « Fils de Dieu », réunit parfaitement les natures humaine et divine et exerce son ministère de Sauveur devant le trône de Dieu et non comme les lévites dans un sanctuaire fait de mains d'hommes. La protée universelle, l'unicité et la perfection de son sacerdoce dépassent le titre nationaliste hasmonéen de « grand sacri-

---

[10] Héring J., *L'Épître aux Hébreux*, p.48.
[11] Buchanan G.W, *To the Hebrews*, p.79. Il en tire une preuve de l'influence de la littérature et de la philosophie de l'époque maccabéenne sur la christologie de l'auteur de l'Épître aux Hébreux.
[12] Spicq C., *L'Épître aux Hébreux*, vol. II, p.91.
[89] 1 Hénoch LXIV-LXXII

ficateur et stratège et chef des Juifs » (*arkhiereùs mégas kai stratégos kai ègemôn Ioudaiôn*). La supériorité du Fils aux anges, à Moïse et à Aaron, soulignée par notre auteur, ainsi que sa position à la droite de Dieu font de Jésus le « Grand Souverain Sacrificateur » par excellence. Il ne l'est pas seulement pour les Juifs mais pour « la multitude » des rachetés, *les chrétiens en chemin*.

Alors on peut apprécier à sa juste valeur l'exhortation à tenir ferme, à garder ferme la confession de foi. Le contenu de celle-ci est résumé dans la présentation de Jésus : Grand Souverain Sacrificateur, celui qui a traversé les cieux et qui est le propre Fils de Dieu. C'est ainsi que l'espérance la plus ferme et l'assurance (*parrèsia*) la plus inflexible sont autorisées, et la fermeté la plus inébranlable recommandée.

Spicq, non sans raison, paraphrase ainsi le verset 14 du quatrième chapitre : « *Tenons fermement à notre foi au Christ, Roi-Prêtre, puisque nul autre ne peut sauver aussi sûrement* »[13].

En fait, Spicq ne fait que reprendre ce que déclare l'auteur de l'Épître aux Hébreux lui-même :

> *Mais lui, parce que qu'il demeure éternellement, possède un sacerdoce qui n'est pas transmissible. C'est aussi pour cela qu'il **peut sauver parfaitement** ceux qui s'approchent de Dieu par lui, étant toujours vivant pour intercéder en leur faveur. (7. 24, 25).*[14]

La conclusion appelant à la fermeté de la confession de foi, introduite dès le verset 14 du chapitre par « donc » (*oûn*), se poursuit aux versets 15 et 16. Ceux-ci, dont nous ne pouvons pas approfondir l'étude, révèlent d'autres raisons de tenir ferme. En effet, ce Grand Souverain Sacrificateur, Jésus, connaît les difficultés des siens et y compatit. Lui-même, rendu en tout semblable aux hommes, hormis le péché (*khôris hamartias*), a été aussi tenté. L'absence de péché dans sa vie d'homme, en dépit des tentations, stimule la confiance en lui comme Sauveur. Ayant pénétré jusqu'au trône de grâce, il est davantage digne de confiance quand sonne la redoutable heure des épreuves. Son secours efficace est certain :

---

[13] Sicq C., *L'Épître aux Hébreux*, vol. II, p.92.
[14] C'est nous qui soulignons.

« Approchons-nous donc avec assurance du trône de grâce, afin d'obtenir miséricorde et de trouver grâce, pour avoir du secours au moment opportun ». (4. 16) Au 2.16 -18, l'auteur dit :

> *Car assurément ce n'est pas à des anges qu'il vient en aide, mais c'est à la postérité d'Abraham. En conséquence, il a dû être rendu semblable en toutes choses à ses frères, afin qu'il fût un souverain sacrificateur miséricordieux et fidèle dans le service de Dieu, pour faire l'expiation des péchés du peuple ; car, ayant été tenté [éprouvé] lui-même dans ce qu'il a souffert, il peut secourir ceux qui sont tentés [éprouvés].*

Christ qui connaît la précarité et les vicissitudes de l'existence humaine peut être miséricordieux envers les fils d'Abraham ! Lui a appris l'obéissance par tout ce qu'il a souffert, lui qui a même goûté à la mort « *afin que par sa mort, il anéantît celui qui a la puissance de la mort, c'est-à-dire le diable et qu'il délivrât tous ceux qui, par crainte de la mort, étaient toute leur vie retenus dans la servitude* ! (v.14-15). Miséricordieux envers les hommes, il est digne de confiance devant Dieu quand il accomplit son service en leur faveur ! Dieu lui fait confiance quand il intercède en leur faveur !

L'auteur fonde donc son exhortation à tenir ferme dans la confession de foi sans se départir de l'espérance dans l'œuvre de Jésus-le-Christ. L'opportunité de cette exhortation est renforcée par l'exemple d'Israël au désert (chapitres 3 et 4). Dieu jura qu'ils n'entreraient pas dans son repos, c'est-à-dire dans la terre promise, à cause de leur désobéissance et leur égarement :

> *C'est pourquoi, comme dit l'Esprit Saint : Aujourd'hui, si vous entendez sa voix, n'endurcissez pas vos cœurs comme au temps de l'exaspération, au jour de la mise à l'épreuve dans le désert où vos pères me mirent à l'épreuve en cherchant à me sonder, et ils virent mes œuvres pendant quarante ans. C'est pourquoi je me suis emporté contre cette génération et j'ai dit : Toujours leurs cœurs s'égarent ; Ces gens-là n'ont pas trouvé mes chemins, car j'ai juré dans ma colère : On verra bien s'ils entreront dans mon repos !* […]
>
> *Quels sont, en effet, ceux qui entendirent et provoquèrent mon exaspération ? N'est-ce pas tous ceux qui sortirent d'Égypte grâce à Moïse ?*

> *Et contre qui s'est-il emporté pendant quarante ans ? N'est-ce pas contre ceux qui avaient péché, dont les cadavres tombèrent dans le désert ? Et à qui jura-t-il qu'ils n'entreraient dans le repos, sinon ces indociles ? Et nous constatons qu'ils ne purent pas entrer à cause de leur incrédulité. (3. 7-11,16-19).*

A ces deux traits négatifs caractérisant les Israelites au désert, l'auteur ajoute aussi le manque de foi et l'endurcissement du cœur (4. 2,7 ss). Il utilise cette situation des anciens comme matériel didactique afin de démontrer à ses destinataires l'excellence de l'œuvre sacerdotale de Jésus et les encourager à la fermeté dans leur foi (4. 14-16). Et ailleurs l'auteur évoque le jugement des hommes et le salut de ceux qui s'approprient les effets du sacrifice et du sacerdoce du Christ et qui attendent fermement sa parousie :

> *Et comme il est réservé aux hommes de mourir une seule fois, après quoi vient le jugement, de même Christ, qui s'est offert une seule fois pour porter les péchés de plusieurs, apparaîtra sans péché une seconde fois à ceux qui l'attendent pour le salut.* (Hébreux 9.27-28)

6.2 La fidélité de Dieu

> « *Gardons fermement la confession de notre inflexible espérance, car fidèle est celui qui a fait la promesse* ». (10. 23)

Cette exhortation à la fermeté dans la confession de l'espérance intervient après un long développement doctrinal tout à fait magistral :
- Jésus-Christ, Souverain Sacrificateur selon l'ordre de Melkhisédek (ch.7),
- l'absolue supériorité de son sacerdoce (ch.8),
- l'excellence de la Nouvelle Alliance (ch.9) et
- l'efficacité du sacrifice de Jésus-Christ (ch.10).

Ainsi donc l'exhortation contenue dans les versets 19 à 39 est directe et pressante comme le montre le vocatif « *adelphoi* » (frères, 10. 19), qui réapparaît ici pour la troisième fois après 3. 1 et 12. « *Oûn* » (donc, v.19) rattache l'exhortation aux chapitres précédents et en fait une conclusion à visée parénétique. Les versets 19-21 récapitulent certains des points saillants du développement doctrinal antérieur tout en indiquant que les « Hébreux » aussi bien que l'auteur lui-même, en sont bénéficiaires : ils ont, au moyen du sang de Jésus, un libre accès dans le sanctuaire céleste (v.20). Cette portion parénétique découle donc de l'exposé doctrinal et en est le but final.

Le verset 23 qui nous intéresse particulièrement ne présente pas de problèmes textuels. Il est situé parmi les interpellations tout à fait directes. Le verbe « *katékhô* » (ne peut pas être traduit ici par son sens ordinaire de « posséder » ; cf. 2 Corinthiens 6. 10). Il convient plutôt de le traduire par « garder ferme ». « *Aklinè* » (droit, inflexible) soutient aussi cette traduction[15]. La forme verbale (personne et nombre) montre que l'auteur se joint aux destinataires pour « garder ferme » la confession (« *omologia* ») de l'espérance chrétienne. « *Omologia* » peut désigner tout simplement l'action de confesser. Mais dans ce contexte, dominé par l'enseignement magistral concernant le sacerdoce du Christ, le terme « *omologia* » désigne sûrement « ce qui est confessé »[16]. L'auteur vise la dignité de Jésus-Christ et l'efficacité de son ministère sacerdotal. Il en est de même de « *elpis* » (espérance) qui englobe ici tout ce que la foi chrétienne espère et reçoit en Jésus, Souverain Sacrificateur (« *arkhiereus tès omologias hèmôn* », 3. 1).

La suite de ce verset (v.23) fournit la raison ou le bien fondé de cette exhortation à la fermeté dans la confession de l'espérance chrétienne : « *pistos gar ho epaggeilamenos* » (« fidèle est celui qui a fait la promesse »). La persévérance de l'homme est justifiée parce que la fidélité de Dieu à sa promesse demeure. Contrairement à l'usage grec ancien de « *hupomonè* », l'auteur fait tout converger vers Dieu dont la « fidélité est un bouclier et une cuirasse » pour les croyants (Psaume 91. 4).

Parce que Dieu est fidèle à ses engagements, les croyants doivent persévérer quelles que soient les circonstances. Demandant aux « Hébreux » d'imiter ceux qui, par la foi et la persévérance héritent des promesses (6. 12), l'auteur recourt au témoignage de l'Ancien Testament. Il leur rappelle les promesses de Dieu et la fermeté d'Abraham qui « ayant persévéré, obtint l'effet de la promesse » (6.

---

[15] Citant Philon, Spicq indique que « *aklinè* » (hap.bibl.) serait un terme mystique exprimant la « *stasis* » de l'homme parfait régénéré. vol. II. p.318.
[16] Carrez M. : *Dictionnaire grec-français du N.T.* , p.176.

15). L'auteur applique la leçon tirée de l'Ancien Testament à sa propre communauté dont il ne se soustrait jamais :

> *En ce sens, Dieu, voulant donner aux héritiers de la promesse une preuve supplémentaire du caractère immuable de sa décision, intervient par un serment, afin que, par deux actes immuables, dans lesquels il est impossible que Dieu mente, nous ayons un puissant encouragement, **nous** dont le seul refuge a été de saisir l'espérance qui **nous** était proposée. Cette espérance, **nous** l'avons comme une ancre solide et ferme, pour **notre** âme ; elle pénètre au-delà du voile, là où Jésus est entré pour **nous** comme un précurseur, devenu souverain sacrificateur pour l'éternité, selon l'ordre de Melkhisédek (6. 17-20)*[17].

On peut constater que l'Épître aux Hébreux, en ce qui concerne la fidélité de Dieu, rejoint l'enseignement paulinien quand il parle et de la tentation et de la fidélité du Dieu de la promesse : « *Aucune tentation ne vous est survenue qui n'ait été humaine, **et Dieu, qui est fidèle**, ne permettra pas que vous soyez tentés au-delà de vos forces ; mais avec la tentation, il préparera aussi le moyen d'en sortir, afin que vous puissiez la supporter.* » (I Corinthiens 10 :13). La fidélité de Dieu à sa promesse de bénédiction ou de délivrance ne saurait manquer pendant la pérégrination, car Dieu ne peut mentir. Cette fidélité concerne aussi bien « la confession » que « l'espérance » chrétiennes (*omologia* et *elpis*). C'est pourquoi la « confession de notre espérance » doit être maintenue « *aklinè* » (ferme, inflexible, stable) dans *l'approche de Dieu* (10. 22).

En effet, le culte de l'ancienne alliance préconisait des sacrifices dont le souverain sacrificateur apportait le sang dans le « saint des saints » une fois par an. Mais selon la démonstration des chapitres 7.1 -10. 18 (et même avant), Jésus-Christ, Sacrifice parfait et Souverain Sacrificateur parfait rend l'accès libre auprès du Dieu saint au moyen de son sang. Par conséquent, il est la voie par excellence, l'unique qui offre la libre entrée dans le sanctuaire céleste :

> *Nous avons ainsi, frères, pleine assurance d'accéder au sanctuaire par le sang de Jésus. Nous avons là une voie nouvelle et vivante, qu'il a inaugurée à travers le voile, c'est-à-dire par sa chair. Et nous avons un sacrificateur éminent établi sur la maison de Dieu.* (10. 19-21).

---

[17] C'est nous qui soulignons.

Donc, en plus de la sincérité du cœur (« *meta alèthinès kardias* »), de la plénitude de la foi (« *en plèrophoria pisteôs* »), de la purification du cœur de toute mauvaise conscience, la persévérance est requise dans cette approche de Dieu pendant la pérégrination chrétienne :

> *Approchons-nous donc avec un cœur droit et dans la plénitude de la foi, le cœur purifié de toute faute de conscience et le corps lavé d'une eau pure ; sans fléchir, continuons à affirmer notre espérance, car il est fidèle celui qui a promis.* (10. 22-23).

C'est ainsi que l'auteur ne conçoit pas la pérégrination chrétienne dans une perspective individualiste. Il veut voir ces chrétiens, auxquels il s'adresse, dans la communauté, servant Dieu, exerçant la charité, pratiquant de bonnes œuvres et veillant les-uns sur les autres :

> *Veillons les uns sur les autres pour nous inciter à l'amour et aux œuvres bonnes. Ne désertons pas notre assemblée comme certains en ont pris l'habitude, mais encourageons-nous et cela d'autant plus que vous voyez s'approcher le Jour.* (10. 24, 25).

D'ailleurs, quoique l'authenticité du chapitre 13 soit fortement contestée, celui-ci contient un dernier vibrant appel qui rejoint ce qui vient d'être brièvement rappelé : « *Que l'amour fraternel demeure* ».(13. 1).

A la suite de bien des exégètes, il nous faut remarquer ce souhait apostolique, qui a tout d'un ordre du Christ, n'est pas formulé en utilisant le terme grec abondamment usité dans le Nouveau Testament à savoir *agapè*. C'est plutôt le vocable *philadelphia* que notre auteur emploie pour souligner l'importance de l'affection qui doit caractériser les relations entre les membres de cette nouvelle famille qui est l'assemblée ecclésiale, la communauté chrétienne. Quand on considère l'usage qu'en font Pierre et Paul, la *philadelphia*, affection entre *frères* ne doit pas disparaître au seul profit de l'agapè, cet amour inconditionnel envers tous les hommes à l'exemple de celui de Dieu. Devenus membres d'une même famille, les chrétiens doivent continuellement et permanemment être (demeurer) unis dans une chaleur affective qui apporte équilibre à toute leur existence psycho-sociale :

Romains 12.10 : *Par amour fraternel* [philadelphia], *soyez pleins de tendresse les uns pour les autres ; par honneur, usez de prévenances réciproques.*
1 Thessaloniciens 4.9 : *Pour ce qui est de l'amour fraternel* [philadelphia], *vous n'avez pas besoin qu'on vous écrive ; car vous avez vous-mêmes appris de Dieu à vous aimer les uns les autres.*
1 Pierre 1.22 : *Ayant purifié vos âmes en obéissant à la vérité pour avoir un amour fraternel* [philadelphia] *sans hypocrisie, aimez-vous ardemment les uns les autres intensément,*
2 Pierre 1.7 : *[…] faites tous vos efforts pour joindre à votre foi la vertu […] à la piété l'amitié fraternelle* [philadelphia], *à l'amitié fraternelle*[philadelphia] *l'amour* [agapè].

En cette période où le déficit affectif maintient plusieurs dans une dépendance onéreuse des thérapies même les plus hasardeuses, il n'est pas superflu de noter l'importance de la permanence de l'affection exigée des pèlerins rachetés. La persévérance dans l'amitié fraternelle est l'expression de la fermeté dans l'amour qui est la plus grande des trois vertus théologales : foi, espérance et amour.

Par conséquent, la persévérance rend manifeste l'effectivité de la résistance contre tous assauts faits à l'amitié fraternelle à travers les crises que peuvent traverser les relations entre les membres de la Nouvelle Alliance en Christ. Dues aux facteurs divers (différences et diversités des origines, des situations sociales, des difficultés du vivre ensemble, etc.), ces crises sont inévitables mais ne doivent pas détruire, dans la durée, la Communauté de ceux qui partagent la même foi et la même espérance, et ceux qui sont appelés à être témoins de l'Amour et par l'Amour.

Chapitre 7

Avertissement
contre le manque de la « *hupomonè* »

Les versets 26-31 se situent dans le contexte d'exhortation à la fermeté en attendant la parousie (v. 25, 27-39). Mais l'auteur, en bon pédagogue et pasteur, a placé ces terribles paroles relatives au jugement en plein milieu de l'exhortation. Le verset 25 termine la première partie de l'exhortation (v.19-25) en montrant que « l'approche du jour » est le motif convainquant de l'obéissance et de la fermeté dans la foi. Comme nous l'avons dit, « jour » se réfère à la seconde venue du Christ. Cette venue est comparable à une médaille à deux faces. L'une comble l'espérance des fidèles, tandis que l'autre parachève le jugement des impies et des apostats. C'est l'aspect du jugement qui est développé aux versets 26-31, alors que la rémunération des persévérants l'est aux versets 32-36.

En effet, parce qu'il est question du jugement aux versets 26-31, nous constatons que la mention du « jour » (v.25) introduit bien ce thème. « *La désertion des assemblées chrétiennes et la perspective eschatologique du v.25 orientent la pensée vers l'apostasie et le châtiment inexorable déjà évoqué au VI, 4-8* » déclare Spicq[20]. La transition est parfaitement établie par « car » (*gàr*, v. 26-27) :

> *Car si nous sommes volontairement pêcheurs, après avoir reçu la connaissance de la vérité, il ne reste plus de sacrifice pour les péchés, mais au contraire une attente terrible du jugement et l'ardeur du feu à venir pour dévorer les rebelles.*

L'auteur se place, encore une fois, parmi les chrétiens auxquels il s'adresse (cf. 6. 1ss : « Tendons vers la perfection sans poser de nouveau le fondement... »). Il insinue, pour les chrétiens dont il fait partie, la terrible possibilité de « pécher volontairement ».

---

[20] Spicq C., *Épître aux Hébreux*, vol. II, p.321.

L'adverbe « *ekousiôs* » correspond à l'expression hébraïque « à mains levées » (Deutéronome 17. 12 ; 18. 22) pour qualifier les péchés de blasphème ou de révolte délibérée contre Dieu. Sa place en tête de la phrase souligne le caractère de ces péchés (v.26) et la gravité spéciale du châtiment. Moffat dit, avec raison, que « *ekousiôs* » est le mot-clé de l'avertissement.[21] De même que l'Israélite qui rejetait l'Alliance ne pouvait en espérer les bénéfices, ainsi en est-il du chrétien qui, délibérément rejette le sacrifice du Christ. « *Metà to labein tèn epignôsin tès alètheias* » (« après avoir reçu la connaissance de la vérité ») se réfère à la vérité développée précédemment (chapitres 7-10).

Cette vérité concernant l'excellence du sacerdoce de Jésus-Christ et ses effets pour s'approcher de Dieu dans la nouvelle alliance, était annoncée comme « la nourriture solide » des hommes faits (5. 14). Elle l'était aussi sous forme de « perfection » vers laquelle devait « se porter » (*phéromai*) l'auteur et les Hébreux (6. 1). Ils devaient tous tendre vers le fondement : « repentance des œuvres mortes, foi en Dieu, doctrine des baptêmes, imposition des mains, résurrection des morts et jugement éternel ». (v. 2,3).

La connaissance des enseignements développés aux chapitres 7 à 10, rendait inexcusable le rejet du sacrifice du Christ. Car, comme le dit Moffat, la foi chrétienne est décrite par l'auteur comme le fait d'avoir reçu la connaissance de la vérité.[22]

Contrairement au participe aoriste, le présent « *hamartanôntôn* » a la portée du présent historique et désigne ceux qui pèchent et demeurent dans le péché. Ce péché désigne l'apostasie parce que, d'un côté, il est délibéré, et de l'autre il persiste.

Cependant, par la foi en Christ, en toute circonstance et jusqu'au bout (« *eis télos, mékhri télous, arkhi télous* » : 3. 14 ; 6. 11 cf. Matthieu 24. 13) l'homme s'approprie des bénéfices du sacrifice expiatoire du Fils de Dieu (9. 13,14).

---

[21] Moffat J., *Epistle to the Hebrews*, p.149.
[22] Moffat J., *op. cit.* p. 149.

Mais en péchant volontairement (« *ekousiôs* »), l'homme se place en dehors de l'économie salutaire : « il ne reste plus de sacrifice pour les péchés » (v. 26b). La formulation de la phrase suggère l'idée que « après avoir reçu la connaissance de la vérité », le péché délibéré serait une atteinte « au sacrifice expiatoire du Christ » (ch. 9-10), de sorte qu'il ne reste plus de sacrifice pour les péchés (10. 26). Alors, tout ce qui reste c'est « la perspective effroyable » du jugement destiné aux « *hupenantioi* » (adversaires, rebelles).

Le « péché délibéré » met celui qui avait « reçu la connaissance de la vérité » dans les rangs des rebelles. Or, devenir rebelle devant Dieu, c'est revenir aux offenses et aux péchés dans lesquels on marchait « autrefois, selon le train de ce monde, selon le prince de la puissance de l'air, cet esprit qui agit maintenant dans les fils de la rébellion » (Ephésiens 2. 2)

L'attente terrible (« *phobéra ekdokhé* ») du jugement anticipe l'idée contenue dans la déclaration finale de la mise en garde : Il est *terrible* de tomber dans les mains du Dieu vivant » (10 :31)[23]. L'ardeur du feu (« *puro dzêlos* ») qui va dévorer les rebelles rappelle l'idée du châtiment par le feu réservé aux impies (Isaïe 66. 24) et aux ennemis de Dieu (Isaïe 26. 11)[24]. Le participe « *méllontos* » (de « *méllô* » : devoir arriver) laisse entrevoir le châtiment par le feu pour l'avenir. Cela rejoint les textes d'Isaïe, évoqués ci-dessus en maintenant le jugement comme quelque chose de sûr dans la perspective eschatologique.

Le verset 28 aide à mieux comprendre la gravité particulière du châtiment de ceux qui rejettent délibérément et définitivement le sacrifice du Christ. « Celui qui a violé la loi de Moïse est mis à mort, sans pitié, sur la déposition de deux ou trois témoins » (v. 29). En effet, la loi de Moïse préconisait la peine capitale pour un certain nombre de péchés dont le blasphème et l'idolâtrie souvent consécutive à l'apostasie :

- *L'Eternel parla à Moïse, et dit : Fais sortir du camp le blasphémateur ; tous ceux qui l'ont entendu poseront leurs mains sur sa tête ; et toute l'assemblée le lapidera. Tu parleras aux enfants d'Israël et*

---

[23] C'est nous qui soulignons.
[24] Dans la Septante, ces ennemis de Dieu sont aussi désignés par le terme « *humenantios* ».

> *tu leur diras : quiconque maudira son Dieu portera la peine de son péché. Celui qui blasphémera le nom de l'Eternel sera puni de mort : Toute l'assemblée le lapidera. Qu'il soit étranger ou indigène, il mourra pour avoir blasphémé le nom de Dieu.* (Lévitique 24. 13-16)

> - *Si ton frère, fils de ta mère, ou ton fils, ou ta fille, ou la femme qui repose sur ton sein, ou ton ami que tu aimes comme toi-même, t'incite secrètement en disant : Allons, et servons d'autres dieux ! […] Mais tu le feras mourir ; ta main se lèvera la première sur lui pour le mettre à mort, et la main de tout le peuple ensuite ; tu le lapideras, et il mourra, parce qu'il a cherché de te détourner de l'Éternel, ton Dieu, qui t'a fait sortir de l'Égypte, de la maison de servitude.* (Deutéronome 24. 6-10)

Violer la loi de Moïse signifiait justement se révolter (II Rois 18. 7) et la tenir pour nulle. Le verbe « *athéteô* » (violer une loi, un traité ou un pacte) permet de comprendre que le rejet de la loi de Moïse signifiait la rupture unilatérale de l'alliance avec Dieu, d'où la mise à mort sans pitié. L'auteur se réfère sûrement à Deutéronome 17. 2-7 qui concerne l'idolâtrie consécutive à l'apostasie. Celle-ci est mise en relief par l'emploi du verbe « *athéteô* », justifiant du même coup la gravité du châtiment réservé à l'apostat.

Alors, notre auteur, partant de cet exemple de l'ancienne alliance, utilise la forme adverbiale et comparative «*posô*», combien (10. 29), pour souligner l'extrême gravité du châtiment d'un chrétien déserteur : *De quel pire supplice, pensez-vous, sera jugé digne celui qui a foulé aux pieds le Fils de Dieu et tenu pour vulgaire le sang de l'alliance par lequel il a été sanctifié, et qui a outragé l'Esprit de la grâce ?*

Jésus étant le garant de la nouvelle et meilleure alliance (7. 22), on ne saurait le rejeter impunément. Le supplice mérité (dont on est jugé digne) est pire que celui infligé aux apostats de l'ancienne alliance. Fouler aux pieds le Fils de Dieu, tenir pour vulgaire ou profane le sang de l'alliance par lequel on a été sanctifié, outrager l'Esprit de la grâce sont des actes et attitudes extrêmement graves. Ces actes et attitudes sont exprimés dans des termes très dramatiques. « *Katapateô* » (fouler aux pieds, bafouer) exprime le mépris le plus flagrant et le plus indéniable. « *Hêgeomai* » doit être compris ici dans son second sens, c'est-à-dire :

« croire, tenir pour ». Tenir pour « *koinon* » (profane, impur) le sang de « la meilleure alliance », c'est adopter une nouvelle attitude, radicalement opposée à la confession de l'espérance que le chrétien doit garder fermement (10 :23). Cette attitude manifeste le mépris de l'expiation des péchés et de la sanctification obtenues au moyen de ce sang (« *en ô hêgiasthê* »).

D'ailleurs la « Dogmatique » présentée par notre auteur préparait déjà la compréhension de l'extrême gravité de ce péché :

> *Car si le sang des boucs et des taureaux, et la cendre d'une génisse qu'on répand sur ceux qui sont souillés, les sanctifient de manière à purifier la chair, combien plus le sang du Christ - qui par l'Esprit éternel s'est offert lui-même sans tâche à Dieu - purifie-t-il notre conscience des œuvres mortes, pour que nous servions le Dieu vivant (9 :13,14).*

Étant donné que le libre accès auprès de Dieu s'obtient « au moyen du sang de Jésus » (10. 19), le mépris de ce sang tient pour « profane » le sacrifice même de Jésus. Donc, d'un côté il n'y a plus de libre accès, et de l'autre plus de sacrifice pour les péchés (10. 26). Par ailleurs, « *enubrizein* » (outrager, insulter) l'Esprit rappelle cette parole du Christ : «Je vous le dis en vérité, tous les péchés seront pardonnés aux fils des hommes, et les blasphèmes qu'ils auront proférés ; mais quiconque blasphèmera contre le Saint-Esprit n'obtiendra jamais le pardon : il est coupable d'un péché éternel. » (Marc 3. 28-29)[25]. Est-ce involontairement que l'auteur clôture la description de la défection par l'outrage à l'Esprit-Saint ?[26] Certainement pas ! Car dans la Nouvelle Alliance, c'est l'Esprit qui communique la faveur gratuite de Dieu, et c'est par lui que l'on est scellé pour le jour de la rédemption (Ephésiens 4. 30).

---

[25] Il faut toutefois préciser que le passage que nous étudions (10. 26-31, cf. 6. 4-8) ne parle pas du « pardon impossible ». Il est plutôt question de l'impossibilité de trouver un autre sacrifice pour les péchés, et de la gravité du supplice, après avoir méprisé le Fils de Dieu, tenu pour profane son sang et outragé le Saint-Esprit.

[26] « *To pneûma tês kharitos* » (et non « *ton nomon Môuséos* ») suggère que l'auteur avait à l'esprit le langage de Zach. 12. 10 (« *ekkheô... pneûma kharitos kai oiktirmou* »). Mais « l'Esprit de grâce « étant opposé à » la loi de Moïse », (cf. Jn.1. 17), l'expression semble désigner « *pneûma agion* » (cf.6. 4).

L'auteur cite l'Ancien Testament pour insister sur la rigueur du châtiment réservé aux apostats. Le premier texte cité (Deutéronome 32. 35a) est plus proche de l'Hébreu que de la Septante. En effet le texte hébreu dit : « A moi la vengeance et la rétribution ». C'est sous cette forme que le texte est aussi cité dans Romains 12 :19, tandis que la Septante propose : « Au jour de la vengeance, je paierai en retour ». Faudrait-il déduire de cette citation commune à l'Épître aux Hébreux et à celle aux Romains la dépendance de l'un vis-à-vis de l'autre ? En tout cas, la nette différence d'application du texte de Deutéronome dans les deux contextes nous pousserait à répondre par la négative. Dans Romains, le texte est cité pour empêcher les destinataires de se venger eux-mêmes, tandis que l'auteur de l'Épître aux Hébreux l'applique au supplice de l'apostat.

Par ailleurs, la seconde citation (Deutéronome 32. 36a) est fidèle à la « Septante », laquelle traduit exactement l'hébreu. Les passages vétérotestamentaires (Deutéronome 32. 35a, 36a) que l'auteur cite sont arrangés de manière à mettre en relief le sujet. « *Emoi, egô* » et « *kurios* » désignent Dieu comme celui qui exécutera le jugement. Alors le terrible châtiment de l'apostat est inévitable parce qu'exécuté par le Dieu juste (« *ou gar adikos ho theos* » 6. 10) et le Dieu vivant (v. 31). C'est pourquoi l'auteur, dans une argumentation *a minore ad majus,* estime effroyable et pire la situation du déserteur : « Chose terrible de tomber dans les mains du Dieu Vivant !» (v. 31).

Cette exclamation a pour but de montrer combien effroyable (« *phoberon* ») est le jugement exécuté par Dieu. « Tomber dans les mains de Dieu » n'a pas le même sens que dans II Samuel 24. 14 où David préfère se remettre au Dieu de miséricorde que d'être livré à la cruauté des hommes. David, en tant que fidèle repentant, espère que Dieu aurait pitié de son peuple après l'avoir corrigé. Or ici, il est question de la rigueur et de l'intransigeance de la justice divine en face de l'apostasie. Ce texte (10. 26-31) est éclairé par 6. 4-8. La sévérité, dans le contenu des deux passages est suivie des paroles encourageantes et des éloges (6. 9-12 cf.10. 32-36). L'auteur a donc une préoccupation majeure, à savoir mettre en garde contre le danger de l'apostasie. Signalons, en fait, quelques parallèles qui rapprochent 6. 4-8 de 10. 26-31[90] :

Hébreux 6	Hébreux 10
Avoir été éclairé ; avoir goûté au don céleste ; avoir eu part à l'Esprit-Saint, avoir goûté la bonne parole de Dieu… (6. 4- 5)	Avoir reçu la connaissance de la vérité (10. 26)
Le titre christologique utilisé : Fils de Dieu (6. 6)	Le titre christologique utilisé : Fils de Dieu (10. 29)
Crucifier et exposer le Fils de Dieu à l'ignominie (6. 6)	Fouler aux pieds le Fils de Dieu ; tenir pour profane le sang de la Nouvelle Alliance (son sang, 10. 29)
L'impossibilité d'un renouvellement, d'une autre repentance (6. 4-6)	L'impossibilité de trouver un autre sacrifice pour les péchés (10. 26)
La terre produisant des ronces et des chardons est réprouvée, et sa fin est (d'être brûlée) au feu (6. 8)	Les rebelles seront dévorés par un feu ardent : « l'ardeur d'un feu » (10. 27)
L'Esprit- Saint (6. 4)	L'Esprit- Saint (6. 4)
Le jugement est attribué à Dieu qui donne la bénédiction à la terre utile (6. 8).	Le jugement est attribué à Dieu qui rétribue les rebelles par un terrible châtiment (10. 31).
L'illustration de la « terre » éclaire la terrible situation de « ceux qui sont tombés » (6. 7-8)	Le châtiment sans compassion suite à la violation de la loi de Moïse éclaire aussi la situation des apostats (10. 29-30).

Ces parallèles font partie des éléments du plan concentrique ou même symétrique de l'Épître aux Hébreux. Il proviennent de deux parties parénétiques (5. 11-6-20 et 10. 19-29) de longueur sensiblement égale qui encadrent le thème principal : le sacerdoce de Jésus (7. 1 - 10. 18). Andriessen attire notre attention

---

[90] [27] On peut aussi, à la rigueur, tenter un parallélisme entre « la pluie qui tombe sur la terre pour qu'elle produise une herbe utile » (6 :7) et « le sang de la nouvelle alliance par lequel le pécheur est sanctifié » (10 :30).

sur une parfaite correspondance entre la fin de la première parénèse et le début de la seconde[28] :

- *Cette espérance, nous l'avons comme ancre solide et ferme, pour notre âme ; elle pénètre au-delà du voile, là où Jésus est entré pour nous comme précurseur, devenu souverain sacrificateur pour l'éternité, selon l'ordre de Melkhisédek. (6. 19-20)*
- *Ainsi donc, frères, nous avons l'assurance d'un libre accès au sanctuaire par le sang de Jésus, accès que Jésus a inauguré pour nous comme un chemin nouveau au travers du voile, c'est-à-dire de sa chair. (10. 19-20)*

En plus de ces parallèles, nous constatons que l'auteur n'utilise dans ces passages, ni les verbes « *hupoménein* » et « *hupostéllein* » ni les substantifs « *hopomonè* » et « *hupostolê* ». Pourtant, il traite le problème de ceux qui « ont été éclairés, qui ont goûté le don céleste, reçu la reconnaissance de la vérité, qui ont été sanctifiés par le sang de la nouvelle alliance »... mais « qui sont tombés, qui ont foulé aux pieds le Fils de Dieu »... La description montre que ces gens ont fait marche arrière. Ils ont fait défection (« *hupostolê* »). Ils ont abandonné ce qu'ils auraient dû « tenir fermement », c'est-à-dire l'espérance chrétienne, l'assurance, la persévérance, l'endurance qui font des chrétiens des imitateurs de « ceux qui, par la foi et la persévérance, reçoivent l'héritage promis » (6.12).

La « reculade-défection » pendant la pérégrination terrestre a pour conséquence la perdition : « Or nous, nous ne sommes pas (des hommes) de la défection pour la perdition, mais (des hommes) de la foi pour le salut (la conversation) de l'âme ».[29] Le verbe « *hupostéllein* », au moyen (v.38), exprime l'idée de dissimuler, cacher (Actes 20. 20,27). Si nous envisageons ce sens dans le contexte de l'Épître aux Hébreux, nous voyons apparaître le vrai comportement de l'apostat. Celui-ci dissimule et finalement abandonne la foi en temps de persécution.

L'auteur et ses destinataires (« *hêmeîs* », v.39) se placent parmi ceux qui gardent leur assurance et persévèrent dans la foi : ils sont des « hommes de foi » (« *ek*

---

[28] Andriessen P. : « La communauté des Hébreux », p.1055.
[29] Nous avons traduit si littéralement en vue de mettre en relief l'opposition entre, d'un côté *la défection et la foi*, et de l'autre *la perdition et le salut de l'âme*. Le ch.11 fournit alors des exemples de la foi persévérante qui plaît à Dieu.

pisteôs »). Par contre, les apostats font défection (« *hupostolê* »). Ils reculent, se dérobent et récoltent la perdition (« *apôleia* »). Le génitif « *hupostolês* » détermine et caractérise ceux qui se dérobent du rang des croyants (« les justes », v.38). « *Allà* » (mais), fortement adversatif oppose les deux groupes des gens. L'opposition entre les deux camps est radicale ! Les uns croient et persévèrent dans le foi (« *pistis* »), tandis que les autres reculent, se dérobent et capitulent (« *hupostolê* »). La « *hupomonè* » a pour finalité le salut (conversation) de l'âme, tandis que la « *hupostolê* » conduit à la perdition. Si la fin de la « *hupostolê* » est si catastrophique c'est parce que la défection s'opère par rapport au « si grand salut » (2. 3) offert par le sacrifice de Jésus (chapitres 7-10).

Le châtiment de la dérobade étant si terrible, l'auteur multiplie des mises en garde. Elles révèlent la gravité du supplice mais aussi, implicitement, celle du danger et des tentations qui guettaient les « Hébreux » :

> *Prenez garde ! Ne repoussez pas celui qui vous parle. Car si ceux qui repoussèrent celui qui sur la terre les avertissaient, n'ont pas échappé au châtiment, à bien plus forte raison ne pourrons-nous y échapper nous-mêmes, si nous nous détournons de celui qui, des cieux, nous avertit. Sa voix ébranla alors la terre, et maintenant il nous a fait cette promesse : une fois encore, je ferai trembler non seulement la terre, mais aussi le ciel* (12. 25-26).

Sans craindre de nous répéter, il nous faut accepter ici une récapitulation : la désertion (reculade, défection) constitue le radical opposé de la persévérance ; la désertion a pour conséquence la perdition, tandis que la foi persévérante (ou la persévérance dans la foi) conduit au salut de l'âme. Ce terme désigne la vie de l'être tout entier. Autrement dit, le salut (ou la vie) est pour ceux qui « tiennent ferme », qui « endurent » et qui « persévèrent ». Les diverses acceptions de la *hupomonè*, au milieu des ruses, des luttes, de tentations (épreuves), des contradictions à l'espérance et la dignité s'entendent dans le concept de **RESISTANCE**.

Chapitre 8

Récompense de la « *hupomonè* »

Les versets 19-25 du chapitre 10 contiennent plusieurs exhortations directes et précises, comme nous l'avons vu en étudiant le verset 23. En effet, après quelques mots fermes concernant des rebelles (v.26-31), l'auteur reprend le même genre d'exhortations à partir du verset 32.

Ses propos rassurants succèdent à la menace comme c'est le cas aux versets 9-12 du chapitre 6. En fait, le souvenir que l'auteur souligne aux versets 23-34 est un véritable éloge à l'endroit de ses destinataires. Au chapitre 6, il a été fait mention de l'amour de ces chrétiens pour Dieu et de leur assistance passée et présent aux saints. Ici (10. 32-34) l'auteur parle du grand et douloureux combat qu'ils ont soutenu dans le passé. Spicq voit, dans ce passé, « *l'époque qui a immédiatement suivi le baptême* » à cause de l'expérience d'illumination[30]. Mais cette conception du sacrement n'est pas soutenue dans l'exégèse moderne parce que le baptême chrétien n'est pas du tout une source de lumière ni de connaissance de la vérité. A moins de sous-entendre par ce sacrement ce que Saint Augustin définit comme « *forme visible d'une grâce invisible* », et dans ce cas, grâce et foi sont perçues dans le baptême ! Souvenons-nous des propos d'Eduard Lohse concernant les sacrements du Baptême et de la Cène qui soulignent la valeur de la Nouvelle Alliance en Christ :

> *Dans le baptême et dans la cène, la communauté expérimente son union au Seigneur élevé. Ceux qui sont baptisés au nom du Kyrios reçoivent l'Esprit comme acte présent de Dieu et sont liés à la mort et à la résurrection de Jésus-Christ. Dans la célébration du repas du Seigneur, la communauté est certaine de la valeur de l'Alliance fondée dans la mort du Christ ; elle reçoit sous le pain et le vin une participation à la mort expiatoire du Christ et, en étant son Peuple,*

---

[30] Sipcq C., *L'Épître aux Hébreux*, Vol. II, p.327.

elle regarde poindre le jour où elle sera unie à son Seigneur et célébrera avec lui dans l'allégresse le repas messianique.[91]

L'auteur de l'Épître aux Hébreux présente les deux aspects du combat enduré jadis par ces chrétiens. Ils ont fait face, eux-mêmes, aux souffrances, opprobres et persécutions. En plus, ils ont courageusement soutenu d'autres coreligionnaires qui subissaient le même sort.

Cette solidarité rappelle les services rendus aux saints dont l'auteur fait l'éloge au verset 10 du chapitre 6. Elle est précisée au verset 34 du chapitre 10 comme une assistance aux prisonniers (« *desmiois* »)[31]. L'aoriste de « *sumpathéô* » montre qu'ils avaient effectivement « pris part aux souffrances » des autres chrétiens incarcérés. Était-ce par des visites ou l'aide matérielle ? L'auteur n'explique pas le témoignage d'amour et de compassion envers les prisonniers.

Par contre, il recourt au chiasme pour donner quelques détails relatifs aux persécutions subies par les « Hébreux » : la spoliation de leurs biens. Ils ont enduré, avec joie, cette épreuve à cause de leur assurance des biens à venir. Ils se savaient (« *ginôskein* »), par la foi, en sûre possession d'un patrimoine meilleur et durable.

Après ce bel éloge à la foi agissante des « Hébreux », l'auteur reprend le style direct des exhortations :

N'abandonnez donc pas votre assurance qui a, elle, une grande rémunération. Vous avez en effet besoin de persévérance, afin qu'après avoir accompli la volonté de Dieu, vous obteniez l'objet de la promesse (10. 35 - 36).

La conjonction « donc » (*oûn*) indique que les persécutions antérieures et l'assurance d'une meilleure possession à venir sont un motif convainquant de demeurer ferme. Ayant dégagé une leçon du passé héroïque des « Hébreux »,

---

[91] Lohse Ed., *Théologie du Nouveau Testament*, (Genèse, Labor et Fides, 1987), p. 95.
[31] La lecture « *desmios* » (A, Dgr, H,...) est confirmé par 13. 3 (« *mimnêskhesthe ton desmion* ») contrairement à d'autres témoins (p.[46], etc.) qui omettent le iota (« *desmoîs* »).

l'auteur les encourage en vue d'une récompense céleste. « *Apoballein* » (abandonner, perdre) est l'opposé radical de « *katékkein* » (tenir, garder ferme) !

L'auteur exhorte ces chrétiens à ne pas perdre leur assurance (« *parrêsia* ») qui a, pour fin, une grande rémunération. Cette « *megale misthapodosia* » est l'objet de la promesse divine (« *epaggelia* », v.36). La persévérance-endurance (« *hupomonè*, v.36) n'est pas une attitude facultative. Elle est plutôt indispensable : les « Hébreux » en avaient besoin pour endurer les souffrances et accomplir la volonté de Dieu en vue d'obtenir la grande récompense (v.36). Autrement dit, cette « *hupomonè* » se vit sous deux aspects : l'endurance dans les épreuves, la constance et la fermeté dans l'obéissance à la volonté de Dieu.

Cette triple dimension de la « *hupomonè* », ainsi que la perspective de la rémunération enrichissent les notions de la « fidélité de Dieu » (10. 23) et de « l'œuvre sacerdotale de Jésus » (4. 14) que nous avons dégagées précédemment comme double fondement de la « *hopomonè* » chrétienne. Bien que ces deux notions soient le fondement de l'assurance chrétienne, le bénéficiaire de la fidélité de Dieu et du sacrifice du Christ est appelé à la foi ferme, endurante, persévérante et agissante en vue de la « *megalè misthapodosia* » (grande récompense, 10. 35).

C'est dans ce sens que l'auteur présente la persévérance (fermeté, constance, endurance incluant la patience) comme la condition *sine qua non* d'être « la maison du Christ » (3. 6) et « participants de Christ » (3. 14). En effet aux versets 5 et 6, l'auteur dit :

> « *Pour Moïse, il a été fidèle dans toute la maison de Dieu, comme serviteur, pour rendre témoignage de ce qui devait être annoncé ; mais Christ l'est comme Fils sur sa maison ; et sa maison, c'est nous,* **pourvu que** *nous retenions jusqu'à la fin la ferme confiance et l'espérance dont nous nous glorifions.*[32]

---

[32] C'est nous qui soulignons.
[33] « ... mais Christ a été fidèle sur sa maison en tant que Fils : nous sommes sa maison , si toutefois nous retenons fermement l'assurance et la fierté de l'espérance. » C'est la traduction préférée de Spicq : *L'Épître aux Hébreux,* vol II, p.69.

Notre auteur souligne ainsi la notion de la « *hupomonè* » comme condition de l'appropriation de ce qu'offre la foi chrétienne. Christ est supérieur à Moïse. Sa fidélité à Dieu l'est aussi à celle du « leader de l'Exode ». Christ a été jugé digne d'une gloire supérieure à celle de celui-ci. En effet, Moïse a été fidèle « *ôs therapôn* » (comme grand serviteur) dans la maison de Dieu pour rendre témoignage de ce qui devait être annoncé (v.5). Mais Christ est fidèle « en qualité de Fils ».[33] Il n'est pas établi *dans* la maison (« *en okon* »), mais sur la maison. Strathman n'a pas tord de traduire « *epi ton oikon* » par « à la tête de la maison ».[34] « *Autou* (*epi ton oikon autou*) » se reportant au nominatif « *Christos* », il y a lieu de comprendre qu'il s'agit de la « maison du Christ »[35].

Par ailleurs, le Nouveau Testament, en particulier les Épîtres pauliniennes, soutient l'idée que les chrétiens (ou l'Église) forment la maison du Christ, la maison du Dieu vivant en tant que peuple de la nouvelle alliance, celle dans le précieux sang du Fils qui parle mieux que le sang d'Abel :

Ne savez-vous pas que vous êtes le temple de Dieu, et que l'Esprit de Dieu habite en vous ? Si quelqu'un détruit le temple de Dieu, Dieu le détruira ; car le temple de Dieu est saint et ce que vous êtes. (1 Corinthiens 3.16-17)

Quel rapport y a-t-il entre le temple de Dieu et les idoles ? Car nous sommes le temple du Dieu vivant, comme Dieu l'a dit : J'habiterai et je marcherai au milieu d'eux ; je serai leur Dieu, et ils seront mon peuple. (2 Corinthiens 6.16)

Je t'écris ces choses, avec l'espérance d'aller bientôt vers toi, mais afin que tu saches, si je tarde, comment il faut se conduire dans la

---

[34] Strathman H , *L'Épître aux Hébreux*, p.38.
[35] Moffat J, *Epistle to the Hebrews,* pp 41 et 43 traduit, lui, par "God's house".
[33] C'est la traduction préférée de Spicq , *L'Épître aux Hébreux,* vol II, p.69.
[34] Strathman H , *L'Épître aux Hébreux*, p.38.
[35] Moffat J : *Epistle to the Hebrews,* pp 41 et 43 traduit, lui, par « God's house ».

maison de Dieu, qui est l'Église du Dieu vivant, la colonne et l'appui de la vérité. (1 Timothée 3.14-15)

Il est également intéressant de remarquer comment l'auteur passe de Jésus (3. 1) au titre messianique Christ (v.6) pour relier l'Évangile à l'Histoire d'Israël. Les chrétiens, rassemblés par la vocation céleste (3. 1) plutôt que par la race ou par les conditions sociales, sont la maison du Christ et bénéficient de grandes promesses à condition qu'ils demeurent fermes et persévérants.

La condition introduite par « pourvu que, si toutefois » (*eanper*) indique l'absolue nécessité de la fermeté en vue de demeurer la « maison du Christ » (« *oû oikos esmen hemeis eanper... kataskhômen* »)[36] : [...] *mais Christ l'est sur sa maison ; et sa maison c'est nous pourvu que nous retenions jusqu'à la fin la ferme confiance et l'espérance dont nous nous glorifions.* (Hébreux 3.6). Le subjonctif aoriste second de « *katekhô* »[37], que nous avons traduit par « tenir fermement » a le même sens qu'au 10. 23. La nuance dynamique que donne à ce verbe le langage nautique (mettre le cap sur, cingler vers, Actes 27. 40) élucide la nécessité de la fermeté, de la persévérance dans une situation pérégrinale. Au lieu de « changer de cap », de « céder », de « se dérober », les « Hébreux », ainsi que l'auteur d'ailleurs (« *hemeis* », nous) doivent maintenir avec hardiesse l'assurance et l'espérance dont ils se glorifient (« *kaukhema* »).

Ainsi donc « l'assurance » et « l'espérance » (*parresia* et *elpis*) constituent ensemble ici des caractéristiques chrétiennes des rapports confiants entre le croyant et Dieu. La ferme assurance et l'espérance s'approprient des promesses salutaires du Dieu fidèle de sorte que, dans la perspective eschatologique, elles

---

[36] Au lieu de « *oû* », soutenu par les témoins anciens et très divers (p^{13}, X, A, B, C, D,...) certains manuscrits contiennent « *hos* » (p^{46}, etc.). Il semble que « *hos* » aurait été introduit à la place de « *oû* » par certains copistes en vue de rétablir une certaine logique faisant des chrétiens la maison de Dieu et non du Christ. Metzger B. : *A Textual Commentary on the Greek New Testament,* pp.664-665.

[37] Certains Mss importants mettent entre « *elpidos* » et « *kataskhomen* » les mots suivants : « *mekhri télous bébarian* » (X, A,C, D, K ,...). Ces mots semblent être une interpolation de 3. 14 où le féminin « *bébarian* » correspond à « *tèn arrkhèn* ». Or, dans le verset 6, ce qualificatif aurait dû s'accorder avec « *to kaukhèma* », le substantif le plus proche ou, à la rigueur avec le déterminatif « *tês elpidos* ». Car il faudrait tenir compte de l'emplacement de « *kai* ». Donc la lecture du v.6 sans « *mekhri télous bébarian* » (selon p^{13}, p^{46}, B, etc.) semble correcte.

en attendent la réalisation et non le jugement. La « *hupomonè* » est, en quelque sorte, la condition d'entrer dans le repos de Dieu.

C'est ainsi que l'auteur fait suivre cette condition (v.6b) par une citation du Psaume 95. 7-11 (attribuée directement au Saint-Esprit) et par une instruction partant de l'exemple d'Israël (3. 7-11). Reprenant à son compte les paroles du Psaume 95, il met en garde ses frères (« *adelphoi* », 3. 1,12 ; 10. 19) afin qu'aucun ne se *détourne* du Dieu vivant (3. 12,13). La condition dont nous avons parlé au verset 6 est tellement importante dans la sotériologie de notre auteur qu'il la reprend, en d'autres mots, au verset 14 : l'auteur et ses destinataires sont devenus participants du Christ, si *toutefois* ils retiennent fermement sûre, jusqu'à la fin, leur confiance initiale. Être la « maison du Christ » ou encore « participant du Christ » peut être véritablement une donnée existentielle *hic et nunc* (« *esmen hemeis, gegonamen* » 3. 6-14).

Mais cette réalité est conditionnée d'une manière incontournable par la fermeté. Le texte de 3.14 est d'autant plus clair sur la réalité de *l'être chrétien* (« participant de Christ ») et sur la condition *sine qua non* pour le demeurer : *Car nous sommes devenus participants de Christ si toutefois nous retenons fermement jusqu'à la fin l'assurance que nous avions au commencement*. On peut donc conclure que, selon notre auteur, la « *megalê misthapodosia* », grande récompense (qui est aussi « *he epaggelia* », promesse ou contenu de la promesse 10. 36) a comme condition présente et permanente (« *mékhri télous* », jusqu'à la fin) la « *hupomonè* ». Celle-ci est motivée par une attente eschatologique tout à fait caractéristique à l'enseignement de Jésus et à l'espérance de la Communauté Primitive.

Chapitre 9

« *Hupomonè* »
dans la perspective eschatologique

En parlant de la « *hupomonè* » au verset 23 du chapitre 10, nous avions prévu de revenir sur la tension eschatologique qui est la « dynamique » de la foi persévérante pendant la pérégrination terrestre. En fait, les versets 23-25 forment une seule phrase dont la fin est marquée par l'approche du Jour. La nécessité et l'opportunité de l'appel fraternel (« *adelphoi* », v.19) à veiller les uns sur les autres pour s'exciter à l'amour et aux bonnes œuvres, sans déserter l'assemblée, sont justifiées par l'approche de la parousie : (« et cela d'autant plus que vous voyez approcher le jour » (... *kai tosoutô mâllon hosô blépete eggizousan tèn hêméran*, 10. 25).

L'usage de « *heméra* » (jour) au sens absolu correspond au textes pauliniens dans lesquels ce terme désigne celui du retour du Christ (I Thessaloniciens 5. 4 ; I Corinthiens 3. 13).[92] Ce « jour » est celui du jugement, jour où « le feu éprouvera ce qu'est l'œuvre de chacun » (I Corinthiens 3. 13). Le terme a la même signification dans les Évangiles :

> *Plusieurs me diront en ce jour-là : Seigneur, Seigneur, n'avons-nous pas prophétisé par ton nom ? N'avons-nous pas chassé des démons par ton nom ? Et n'avons-nous pas fait beaucoup de miracles par ton nom ? Alors je leur dirai ouvertement : Je ne vous ai jamais connus, retirez-vous de moi, vous qui commettez l'iniquité* (Matthieu 7. 22-23).[39]

---

[92] I Thessaloniciens 5.4 : *Mais vous, frères, vous n'êtes pas dans les ténèbres pour que ce jour vous surprenne comme un voleur* ; I Corinthiens 3. 13 : *Car le jour le fera connaître, parce qu'elle se révèlera dans le feu, et le feu éprouvera ce qu'est l'œuvre de chacun.*
[39] Le sens absolu du terme « jour » va au-delà des Évangiles et les Épîtres, parce que son usage remonte à l'Ancien Testament, en particulier aux écrits prophétiques (Ezéchiel 7. 10-12 ; 30. 3-9).

Selon l'auteur de l'Épître aux Hébreux, la « *hupomonè* » dans la pérégrination chrétienne se fonde sur l'œuvre combien grandiose du Christ, mais elle a aussi pour motif l'approche de la parousie. C'est ce qu'indique le verbe « *eggizein* », souvent employé pour désigner le retour (Romains 13. 12 ; Philippiens 4. 5 ; Jacques 5. 8 ; I Pi. 4. 7). En plus, l'impératif «prenez garde » (*blepete*) nous fait penser que ces chrétiens avaient la possibilité de discerner « l'approche du jour ». En tout cas, ils vivaient certains événements considérés par la Communauté Primitive comme signes avant coureur de la parousie : *Alors on vous livrera aux tourments, et l'on vous fera mourir ; et vous serez haïs de toutes les nations, à cause de mon nom. Alors aussi plusieurs succomberont et ils se trahiront, se haïront les uns les autres* (Matthieu 24. 9ss).

Or les « Hébreux » avaient soutenu un grand et douloureux combat, subi la persécution et le pillage (10. 32-34). Voyant tout cela, ils pouvaient se persuader de ne pas succomber dans la défection car « le jour » était proche.

Par ailleurs, même lorsque l'auteur leur adresse des éloges pour avoir usé de compassion envers les prisonniers et accepté avec joie la spoliation de leurs biens, il montre que c'était à cause de leur attente eschatologique. Mus par une espérance mobilisatrice, une assurance inflexible et une foi agissante, ces chrétiens savaient qu'ils avaient dans les cieux des biens meilleurs et permanents (10. 34). Éclairés par l'Esprit, ils avaient compris (« *ginoskein* », v.34) qu'ils possédaient le meilleur patrimoine dans « l'au-delà ». Cette assurance des biens à venir avait certainement tourné ces croyants vers le futur. Et celui-ci trouve tout son sens dans la parousie du Christ.

Le verset 36 constitue le pont entre la bravoure du passé et l'appel à l'avenir. L'auteur exhorte à la persévérance (« *hupomonè* ») comme à une nécessité, à un réel besoin (« *khreia* »). Elle n'est pas une qualité superflue, mais un comportement obligatoire pour accomplir la volonté de Dieu, et enfin obtenir l'objet promis (« *ten epaggelian* »). C'est alors que la citation d'Habakuk 2. 3-4 vient renforcer l'importance de la « *hupomonè* » dans une perspective eschatologique. Par ailleurs, *le jugement, le jour, la colère de Dieu…* font partie du catalogue des thèmes de l'apocalyptique juive dont sont pétris tant d'écrits néotestamentaires.[93]

La citation est introduite par une formule emphatique empruntée à Isaïe 26. 20, en vue de rassurer plus fortement encore les « Hébreux » du retour de Christ. Comme le dit Lindars, cette formule « *mikron hoson hosos* » (« un peu, combien peu de temps ») situe l'interprétation du passage d'Habakuk dans une perspective nettement eschatologique[40].

D'ailleurs en observant le contexte de ces paroles d'Isaïe dans la version de la LXX (26. 20, 21), on se rend compte qu'elles expriment déjà une pensée eschatologique : « *apoknubethi mikron hoson hoson, héos an parelthe hê orgè kupiou idou...* » (« ... cache-toi un peu, peu de temps, jusqu'à ce que la colère du Seigneur soit passée. Voici, le Seigneur sort de sa demeure pour punir les crimes des habitants de la terre »). Israël est ainsi exhorté à tenir ferme encore un peu de temps jusqu'à ce que le jugement (la colère) de Dieu soit exécuté contre les impies. Ce jugement des crimes des habitants de la terre, dans ses dimensions cosmiques, était envisagé comme un événement eschatologique.

Alors, quant au texte proprement dit du prophète Habakuk, nous pouvons formuler quelques remarques :

1. Son contexte immédiat (v.1, 2) montre que le prophète, veillant comme une sentinelle vigilante, reçoit l'ordre de l'Eternel d'écrire. Il devait écrire une vision que Dieu allait lui accorder. Il devait la conserver et en vérifier la parfaite réalisation. Cette vision concernait le châtiment des arrogants et devait se réaliser sûrement (v3ss). Cette idée du châtiment rejoint la sévère mise en garde de l'auteur de l'Épître aux Hébreux contre l'apostasie et sa démonstration de la gravité particulière du supplice (10.26-31).

2. En ce qui concerne la citation de la dernière partie d'Habakuk (2 . 3), La « Septante » traduit le texte hébreu par : « *hoti erkhomenos hézei kai où mè*

---

[93] Mutombo-Mukendi F., *Le Fils de l'homme apocalyptique. Sa trajectoire dans l'attente juive et chrétienne*, (Paris, L'Harmattan, 2009), pp. 13-47.
[40] Lindars cité par Thomas K.J., « The Old Testament in Hebrews », p.316.

khronisè ». Mais notre auteur opère plusieurs changements du texte de la « Septante » :

« *hoti* » disparaît ;
« *ho* » apparaît devant « *erkhomenos* » ;
« *ou mè khronisè* » (subjonctif aoriste est remplacé par « *ou khronisei* ».

3. Ces changements visent l'actualisation de l'Écriture et donnent une interprétation toute nouvelle du passage vétérotestamentaire. « *Ho erkhomenos* » (avec l'article pour dire « celui qui doit venir ») désigne d'une manière claire la seconde venue du Christ. L'expression est utilisée dans les Évangiles, mais pour indiquer la première plutôt que la seconde venue de Jésus (Matthieu 11. 3 ; Luc 7. 19 ; Jean 6. 14 ; 11. 27). Alors que la tradition rabbinique et même la traduction de la LXX donnent au passage d'Habakuk une interprétation messianique, l'article (« *ho* ») ajouté à « *erkhomenos* », visent la parousie. « *ou* » utilisé avec le futur emphatique est parfaitement équivalent de « *ou mè* » utilisé avec le subjonctif aoriste. Donc « celui qui doit venir viendra certainement ! « *Ho erkhomenos* » (celui qui doit venir) désigne le Christ. Le futur emphatique est utilisé par l'auteur dans le but d'encourager à garder fermement la foi en attendant le retour du Christ.

4. Quant à Habakuk 2.4, l'auteur de l'Épître aux Hébreux ne suit ni le texte hébreu ni celui des LXX. En cela, il adopte le modèle de lecture midrashique laquelle, dans le souci d'actualiser la Parole de Dieu, ne se préoccupe pas du contexte originel d'un récit mais en dispose, au besoin en en modifiant et le texte et le contenu. La lecture de notre auteur ne diffère pas tellement de celle que Paul fait de ce texte d'Habakuk 2.4 dans Galates 3.11 et Romains 1.17. En effet, le texte hébreu dit : *Le juste vivra par* **sa** *fidélité*. La LXX transcrit par : *Le juste vivra par la fidélité à moi* ou *Le juste vivra par* **ma** *fidélité*. Paul écrit : *Le juste vivra par* **la** *foi*.[94] Et l'auteur de l'Épître aux Hébreux écrit : *Et* **mon** *juste vivra par la foi*.[95]

---

[94] Marguerat D., *Le Dieu des premiers chrétiens*, (Genève, Labor et Fides, 2011), pp. 92-93.
[95] Habakuk 2.1-6a : *Le Seigneur m'a répondu, il m'a dit : Écris une vision, donnes-en l'explication sur les tables afin qu'on la lise couramment, car c'est encore une vision concernant l'échéance. Elle aspire à sa fin, elle ne mentira pas ; si elle paraît tarder, attends-la, car elle viendra à coup sûr, sans différer. Le voici plein d'orgueil, il ignore la droiture, mais un juste vit par sa fidélité. Assurément le vin est traître : cet homme présomptueux ne reste pas à*

5. Le verset 38 présente une nette inversion des propositions par rapport au texte de la LXX, dans lequel «s'il fait défection ...» (*ean huposteilela...*) est placé avant « Or mon juste ... » (*ho dè dikaios mou...*). Dans cette inversion, la conjonction « *dè* », bien que légèrement adversative montre une rupture de sujet. « *Dikaios* » (juste) n'a pas de lien syntaxique avec « *erkhomenos* ». En séparant ces deux nominatifs, la conjonction « *dè* » permet de noter le changement du sujet et de mieux apprécier l'importance de la « *pistis* » (foi) pour la « survie » du juste : « Or mon juste vivra par la foi »[41]. Cette « *pistis* », par laquelle le juste vit en temps d'épreuves comme c'est le cas pour les « Hébreux », doit être comprise dans le sens d'une foi endurante et persévérante dans « celui qui doit venir ». « *Kai* » (et), de son côté, tout en reliant les deux propositions inversées intentionnellement par notre auteur, attire l'attention sur la seconde. Celle-ci révèle la gravité des conséquences de la défection : « Et s'il se dérobe, mon âme ne se complaît pas en lui ». Le sens de « se dérober, se retirer, faire défection » du verbe « *huposteilêtai* » est renforcé par le substantif « *hupostolè* » (dérobade, reculade, défection).

Juste, foi et *vivre* sont des termes à relire à la lumière de l'Écriture Sainte qui était proclamée dans les communautés synagogales et ecclésiales des temps apostoliques, à savoir l'Ancien Testament. Est qualifié de *juste* par la Bible un comportement en harmonie avec la communion réalisée entre Dieu et l'homme et fondée sur sa parole : Je suis ton Dieu et tu es à moi. Wilhelm Vischer renchérit en explicitant ainsi cette proclamation : *Dieu est juste dans toute la mesure où il remplit l'obligation dont il s'est chargé. Et l'homme est juste lorsque toute son action et toute son obéissance sont commandées par le fait qu'il appartient à Dieu.*[96]

---

sa place, lui qui élargit sa gorge comme la Fosse, insatiable comme la mort. Il a entassé près de lui toutes les nations, attiré à lui tous les peuples. Mais ceux-ci, tous ensemble, ne lanceront-ils pas contre lui des formules d'une ironie mordante ? (TOB)

[41] A propos de cette phrase, quelques manuscrits proposent une autre lecture en attribuant la foi (fidélité) à Dieu : « dikaios ek pistéos mou » (D, 1518,1611,...). Mais « mou » est placé après « *dikaios* » dans plusieurs autres et non moindres (p[46], X, A, H,...).

[96] Vischer W., *Le prophète Habaquq* (Genève, Labor et Fides,1959), p. 36

Foi, confiance, fidélité, vérité émanent du terme transcrit en français par « *amen* », impliquant que les croyants (*èmounim*) sont ceux qui font confiance et qui croient à la vérité d'un autre, celle de Dieu, et qui, par conséquent, comptent sur Dieu et dépendent de Dieu. Ils s'attachent au Dieu fidèle et véridique. Leur vie (des croyants), leur attitude, leur comportement qui dépendent de Dieu, de sa vérité, de sa fidélité sont fondés en Dieu. *Celui qui croit ainsi à la vérité de Dieu, qui fait confiance à sa fidélité et qui, par conséquent, dépend entièrement de Dieu, celui-là est à ses yeux un homme juste, et cet homme-là vivra. Ainsi donc, vivre c'est être véritablement lié à Dieu*, paraphrase Vischer.[97]

L'étude approfondie de cette citation d'Habakuk est très utile pour faire ressortir le rapport entre « *hupomonè* » et « *hupostolè* » ainsi que les conséquences de l'une comme de l'autre. Cela étant fait lors de l'étude des autres versets d'Hébreux 10, c'est l'aspect eschatologique qui nous a intéressé le plus dans cette citation. Au v.25, nous avons vu que cette perspective était indiquée par « l'approche du jour ». Celui-ci se réfère à un événement eschatologique qu'est le retour de Christ.

La citation d'Habakuk, reformulée intentionnellement par notre auteur, désigne avec plus de précision le Christ qui doit venir : « *ho erkhomenos* ». Compte tenu de l'importance accordée au développement du ministère sacerdotal de Jésus dans l'Épître aux Hébreux, l'auteur n'a pas voulu manquer cette occasion (le texte d'Habakuk), intertextualité et méthode midrashique obligent (!), pour présenter Christ comme « *ho erkhomenos* » (celui qui doit venir). Pour le prophète, Dieu est celui qui ne meurt pas. A *Mon Dieu, tu ne meurs pas !* correspond *Nous ne mourrons pas !* (1.12), exclamation suivie d'une ferme certitude. Et pour l'auteur de l'Épître aux Hébreux, Christ est *celui qui doit venir*, une affirmation rassurante non sans effets pour le croyant appelé à persévérer. *Celui qui doit venir* est le même qui s'est donné en sacrifice une fois pour toutes, et dont les avantages du don de la vie demeurent pour le croyant.

Le but poursuivi est, encore une fois, d'encourager à la foi persévérante ceux qui ont déjà la foi (lui et les Hébreux), et en même temps rappeler le châtiment à

---

[97] Vischer, W., *op. cit.* p.38.

venir des déserteurs. Cette exhortation est fondée sur une certitude : « Car celui qui doit venir viendra, et il ne tardera pas » (10. 37). Celui-ci n'est autre que le Seigneur glorifié dont la parousie est attendue selon le kérygme apostolique.

Par ailleurs, ce Jésus qui doit venir a déjà été le modèle pour ceux qui, dans leur course, gardent leurs regards fixés sur lui. C'est ainsi que la « *hupomonè* » des chrétiens a pour exemple parfait la fermeté, la constance, l'endurance et la persévérance de Jésus lui-même, sur qui les regards du pèlerin doivent être fixés.

Chapitre 10

L'exemplarité de la « *hupomonè* » du Christ

Après avoir cité nommément des personnages dont la persévérance dans la foi est exemplaire, le chapitre 11 se termine par un survol concernant bien d'autres, désignés tout simplement par « *gunaîkes, àlloi, héteroi* » (des femmes, d'autres, d'autres … v.35ss) : Cependant ceux-ci ne sont nullement des croyants de seconde zone. Car ils sont désignés spécialement comme des gens ayant subi une terrible persécution : torturés, soumis à la moquerie, flagellés, enchaînés, emprisonnés, lapidés, sciés, tués par l'épée. En parlant de leur persécution, l'auteur attire l'attention des « Hébreux » sur le rapport à établir avec leurs propres souffrances (10. 32 ss), avant de parler de celles de Jésus et de son endurance.

Les derniers versets du chapitre 11 établissent un lien entre ces gens de l'ancienne alliance et les chrétiens. En fait, quoi qu'ils aient reçu par la foi un bon témoignage (v.39), Dieu ne leur a pas accordé l'objet des promesses messianiques à cause de « nous ». L'auteur et les destinataires, représentés par ce « nous » (*hêmeis*) sont ces mêmes privilégiés à qui « Dieu a parlé par le Fils en ces jours qui sont les derniers » (1. 2). L'auteur affirme que pour eux (*peri hêmôn*), Dieu avait prévu quelque chose de « meilleur » (*kreîtton ti*) afin que ces valeureux et victorieux hommes et femmes de foi ne parvinssent pas à la perfection sans eux (l'auteur et les « Hébreux »). Il fait cette grande déclaration après avoir démontré plus haut que la « perfection » (*teleiôsis*) s'obtient, pour les uns comme pour les autres, en Jésus, lequel est entré dans le sanctuaire céleste (4. 14-16 ; 5. 1 – 10. 18).

Ainsi donc les trois premiers versets du chapitre 12 font partie de la conclusion de ce que raconte le chapitre 11. Le lien est établi par la très emphatique particule « c'est pourquoi », ou « voilà pourquoi » (*toigaroûn*). Celle-ci souligne et rend davantage pressante l'exhortation à la « *hupomonè* ». La particule « aussi », *kai*, dans l'expression « nous aussi » (*kai hêmeis*) permet d'avoir à l'esprit, à la fois, les vaillants croyants du passé (dont quelques-uns sont mentionnés au chapitre 11) et « nous », les croyants du présent (*hêmeis*) encore en chemin semé d'embuches sous les formes les plus diverses.

Tous les commentateurs s'intéressent à la métaphore sportive de ce texte qui rappelle celles de Paul, toujours liées au prix à remporter (Philippiens 3. 2 ; I Timothée 4. 12 ; II Timothée 2. 5). Même la mention des témoins fait penser aux spectateurs qui remplissaient les gradins des stades de l'époque paulinienne. Cependant «nuée » (*néphos*, dans le sens de foule compacte) et «témoins » (*martùres*) vont au-delà de la réalité sportive.

Car ces témoins sont des héros dont la foi persévérante et le bon témoignage reçu de Dieu (11. 39) sont des stimulants particuliers pour les coureurs ou les combattants de la foi. Ayant reçu un bon témoignage de Dieu à cause de leur persévérance, ces héros qui sont placés comme un mur autour des « Hébreux » (« *perikeimai* ») leur fournissent un témoignage encourageant. Alors, à cause de cette foule de témoins, l'auteur appelle les « Hébreux » à accomplir, ensemble avec lui, deux actions importantes exprimées en tout début de ce chapitre 12 :

> *Nous donc aussi, puisque nous sommes environnés d'une si grande nuée de témoins, rejetons tout fardeau, et le péché qui enveloppe si facilement, et courons avec persévérance dans la carrière qui nous est ouverte, ayant les regards sur Jésus, le chef et le consommateur de la foi, qui, en vue de la joie qui lui était réservée, a souffert la croix, méprisé l'ignominie, et s'est assis à la droite du trône de Dieu. Considérez, en effet, celui qui a supporté contre sa personne une telle opposition de la part des pécheurs, afin que nous ne vous lassiez point, l'âme découragée.* (v. 1-3)

Les 2 actions à accomplir exigent un engagement, de la volonté et certainement un effort à déployer. La responsabilité de tout croyant, en tant que sujet libre et conscient, est engagée s'il veut accomplir les 2 actions attendues dans cette exhortation. Ces actions sont donc :

- Rejeter tout fardeau et le péché qui « nous » enveloppe si facilement[42] ;
- Courir « *di'hupomonès* » (avec endurance, persévérance) l'épreuve qui « nous » est proposée.

---

[42] P^{46}, 1739 lisent « *euperispaton* » (qui distrait, qui brouille l'esprit). Cette lecture, en remplacement de « *euperispaton* » (qui entoure, qui assiège), - P^{13}, A, Dgr, K, …-, serait soit une erreur des copistes, soit une modification délibérée. On peut comprendre que le péché assiège ces chrétiens persécutés d'une manière permanente pour provoquer la défection.

L'expression « *prokeitai agôn* » est la formule classique des jeux officiels. Le verbe « *prokieitai* » est utilisé pour désigner le but d'une course (« *agôn* ») ou le prix d'un combat (« *âthla* »). La course dont il est question pour les chrétiens ici est une épreuve (*agôna*) de patience, d'endurance et de persévérance. Le langage sportif correspond parfaitement au caractère pérégrinal de la vie chrétienne. Celle-ci a un but, lequel peut être atteint par l'endurance et la persévérance plutôt que par la vitesse.

Le verset 2 apporte la particularité caractéristique de l'endurance chrétienne : Le croyant doit fixer ses yeux sur Jésus. Le verbe « tourner », « fixer » au participe « *aphorôntes* » permet de comprendre qu'il faut d'une part, détourner les yeux des autres objets, et d'autre part, les tourner aux différentes facettes d'un seul et même objet. Donc le chrétien s'élance dans l'épreuve qui est devant lui en tournant ses regards vers Jésus (ou en les fixant uniquement sur Jésus), dans tout qu'il est selon la prédication apostolique contenue dans le message aux Hébreux.

Celui-ci est présenté par l'auteur suivant trois affirmations christologiques fondamentales du Kérygme apostolique :

1. Jésus est l'« *arkhêgos* » et le « *teleiôtés* » de la foi. Plusieurs ont compris par « *arkhêgos* » que Christ est le « principe de la foi », « le premier agent de la foi »; « celui qui crée et fonde la foi », soit *auctor fidei*[43]. Cette explication n'est pas tout à fait fausse, mais elle ne saurait être suffisante parce que les vaillants personnages du chapitre 11 avaient la foi avant la venue de Jésus. Alors, c'est la métaphore sportive qui aide à mieux comprendre en quoi Jésus est « *pisteôs arkhêgos* ». Il l'est dans le sens d'« initiateur » ou « chef de file ». Buchanan traduit le terme par « *initial leader, primary leader* »[44]. Jésus est devant, les chrétiens le suivent dans leur épreuve (course) de la foi. C'est lui qui les dirige, les guide dans leur destinée pérégrinale de la foi et mène celle-ci à la perfection. « *Teleiôtés* », Jésus l'est dans ce sens qu'il donne à la foi son plein achèvement, son accomplissement. Il est donc, comme le dit Spicq « *l'entraîneur qui prend les fidèles en charge au départ et les mène au but. C'est dire que toute la vie chrétienne, de son origine à son terme, est en*

---

[43] Vaughan, Lemonnyer, Windisch... cités par Spicq, *Épîtres aux Hébreux*, vol II, p 386
[44] Buchanan, *To the Hebrews*, p 208.

dépendance du Christ, « arkhè » et « télos » (Apoc. 1. 17 ; 2. 8 ; 22. 13) et ne peut aboutir au ciel que grâce à cette union dans la foi »[45].

2. Jésus est l'exemple du chrétien à cause de l'ignominie qu'il a subie et la croix qu'il a endurée. Il a délibérément choisi la voie douloureuse et honteuse de la croix (supplice réservé aux esclaves et aux criminels) et il a usé d'endurance et de persévérance pour arriver au but. Ces propos (12.2)[98] sont propres à encourager les « Hébreux » qui étaient injuriés, persécutés et pillés (10. 32ss). En traduisant « *anti tès proskeimenès autô kharas* » par « en vue de » (la joie qui lui était réservée), on fait mieux ressortir l'encouragement dont les persécutés avaient besoin. En tant que coureurs, il leur fallait l'endurance. C'est ainsi que celle de Jésus (exprimée fortement par « *hupemeinen stauron* », endura la croix) au milieu d'oppositions et de souffrances physiques, pouvait leur servir d'exemple encourageant. En ce qui concerne les souffrances, le rejet, l'ignominie et la mort de Jésus, les trois principales annonces de la Passion dans les Synoptiques, et notamment dans Marc donnent un éclairage suffisant sur ce propos de l'Épître aux Hébreux :

- *Puis il commença à leur enseigner qu'il fallait que le Fils de l'homme souffre beaucoup, qu'il soit rejeté par les anciens, les grands prêtres et les scribes, qu'il soit mis à mort et que, trois jours après, il ressuscite.* (Marc 8.31)

- *Car il enseignait ses disciples et leur disait : Le Fils de l'homme va être livré aux mains des hommes ; ils le tueront et lorsqu'il aura été tué, trois jours après, il ressuscitera.* (Marc 9.31)

- *Prenant les Douze avec lui, il se mit à leur dire ce qui allait lui arriver : Voici que nous montons à Jérusalem et le Fils de l'homme sera livré aux grands prêtres et aux scribes ; ils le condamneront à mort e le livreront aux païens, ils se moqueront de lui, ils cracheront sur lui,*

---

[45] Spicq C., *Épître aux Hébreux*, vol II, p 386.
[98] Hébreux 12.2 : *Ayant les regards fixés sur Jésus, le chef et le consommateur de la foi, qui, en vue de la joie qui lui était réservée, a souffert la croix, méprisé l'ignominie, et s'est assis à la droite du trône de Dieu.*

ils le flagelleront, ils le tueront et, trois jours après, il ressuscitera.
(Marc 10. 32b-33)

Ces annonces font suite à la confession de Pierre dans la contrée de Césarée de Philippe. Certes, Jésus était le Messie, mais il devait indiquer ce qu'était la volonté de Dieu dans l'accomplissement de sa mission messianique. Suivant le « il faut divin » (*dei*) dans ces annonces, la mission messianique n'avait qu'un parcours : la destinée du Fils de l'homme souffrant. Cette destinée s'avérait radicalement contraire aux attentes de Pierre, aux « pensées des hommes ». D'où la réprimande de Jésus à Pierre qui nous est fidèlement conservée et transmise par les traditions évangéliques : *Mais Jésus, se retournant et regardant ses disciples, réprimanda Pierre, et dit : « Arrière de moi, Satan ! Car tu ne conçois pas les choses de Dieu, tu n'as que des pensées humaines ».* (Marc 8.33)

3. Jésus est assis à la droite du trône de Dieu. Ce thème est important dans la prédication apostolique comme le livre des Actes des Apôtre en témoigne : *C'est ce Jésus que Dieu a ressuscité ; nous en sommes tous témoins. Élevé à la droite de Dieu, il a reçu du Père le Saint Esprit qui avait été promis, et il l'a répandu, comme vous le voyez et l'entendez. Car David n'est point monté au ciel, mais il dit lui-même : « Le Seigneur a dit à mon Seigneur : Assieds-toi à ma droite, jusqu'à ce que je fasse de tes ennemis ton marchepied. » Que toute la maison d'Israël sache donc avec certitude que Dieu a fait Seigneur et Christ ce Jésus que vous avez crucifié.* (Actes 2. 33-35). Après avoir proclamé dans son « prologue » que le Fils *s'est assis à la droite de la Majesté divine dans les hauteurs,* (Hébreux 1.3), en s'inspirant sûrement du Psaume 110.1, l'auteur de notre Épître est revenu sur cette affirmation et l'a également énoncée comme étant le point capital de son message, de la « dogmatique » de sa christologie sacerdotale :

Or voici le point capital de ce que nous disons : nous avons un souverain sacrificateur qui s'est assis à la droite du trône de la majesté divine dans les cieux ; il est ministre du sanctuaire et du véritable tabernacle, dressé par le Seigneur et non par un homme (Hébreux 8. 1-2).

Par ailleurs, nous ne pouvons pas oublier que l'auteur a placé tout au début de cette « parole d'exhortation, ce que nous considérons comme un vibrant hymne christologique relatif à la personne et à l'œuvre du Fils qui *s'est assis à la droite de la Majesté dans les hauteurs*. (1. 3) Mais s'il reprend ici cette distinction, c'est en l'intégrant dans la thématique capitale pour conclure sa présentation du Christ endurant et exemplaire afin d'encourager et de rassurer encore davantage les « Hébreux ». Le passage de l'aoriste (« *hupemeinen* ») au parfait (« *kekathiken* ») est frappant. La souffrance de la croix et le mépris de l'ignominie finissent par la gloire. Le parfait « *kekathiken* » (« *en deskià toù thronou toû theoù* », s'est assis à la droite du trône de Dieu) indique que les effets de cette position de gloire demeurent.

La formulation même de cette phrase (v.1-2) qui se termine par la note de gloire, est ainsi conçue pour mobiliser les « Hébreux » à garder fermement leur foi, à vivre leur épreuve avec fermeté, endurance, persévérance et joyeuse espérance, les yeux fixés sur Jésus. Le verset 3 dégage et souligne encore plus explicitement la portée exemplaire de l'endurance victorieuse de Jésus, afin que les « Hébreux » poursuivent leur course au milieu des méchants sans se lasser : « *Considérez, en effet, celui qui a supporté, contre sa personne, une si grande opposition de la part des pécheurs, afin que vous ne vous laissiez pas, votre âme découragée* ».

L'auteur prolonge ses exhortations pratiques en parlant des épreuves comme « châtiment-correction » de Dieu :

> *Et vous avez oublié l'exhortation qui vous est adressée comme à des fils :* « *Mon fils, ne méprise pas la correction du Seigneur, et ne perds pas courage lorsqu'il te reprend ; car le Seigneur corrige celui qu'il aime, et il frappe de la verge tous ceux qu'il reconnaît comme ses fils* ». *Supportez la correction : c'est comme des fils que Dieu vous traite ; car quel est le fils qu'un père ne corrige pas ? Mais si vous êtes exempts de la correction à laquelle tous ont part, vous êtes donc des enfants illégitimes, et non des fils. D'ailleurs, puisque nos pères selon la chair nous ont corrigés, et que nous les avons respectés, ne devons-nous pas à bien plus forte raison nous soumettre au Père des esprits, pour avoir la vie ? Nos pères nous corrigeaient pour peu de*

jours, comme ils le trouvaient bon ; mais Dieu nous corrige pour notre bien, afin que nous participions à sa sainteté. Il est vrai que toute correction semble d'abord un sujet de tristesse, et non de joie ; mais elle produit plus tard pour ceux qui ont été ainsi exercés un fruit paisible de justice.

La « *hupomonè* », comme endurance ou persévérance, est donc nécessaire, parce que pendant l'aventure pérégrinale terrestre, le chrétien est soumis à l'éducation paternelle, celle de Dieu. L'auteur de l'Épître aux Hébreux développe ce thème de la « *paideia* » comme une expérience des fils. Le but poursuivi par Dieu, apparemment sujet de tristesse, est « *fruit paisible de justice* » (12.11).

C'est ainsi que, suivant le modèle midrashique d'actualisation de la Parole, l'auteur applique directement à ses destinataires un condensé de plusieurs textes de l'Écriture Sainte : Juges 14.6 ; I Samuel 17.34 et Daniel 6.23 ; 11.34. Il exhorte donc les « Hébreux » à la persévérance et à l'endurance pendant la correction terrestre : « *eis paideian hupoméneté* » (v.7).

Dans l'expérience des « Hébreux » et de leurs semblables, - à savoir les autres chrétiens fidèles à vie conséquente à leur vocation, - cette éducation-correction fut une douloureuse réalité vécue dans la durée : *Mais souvenez-vous de ces premiers jours, où, après avoir été éclairés, vous avez supporté une longue épreuve de souffrances, - d'une part, exposés en spectacle par des opprobres et des tribulations, d'autre part, vous associant à ceux qui menaient une vie semblable. Car vous avez aussi compati avec les prisonniers, et vous avez-vous-mêmes accepté avec joie l'enlèvement de vos biens, sachant que vous avez un bien meilleur et permanent.* (Hébreux 10.32-34)

Conclusion

Au terme de cette étude consacrée spécialement à la constance, l'endurance, la fermeté, la patience et la persévérance, on pourrait avoir le sentiment d'en rester sur sa faim, parce que les thèmes qui sont liés à la « *hupomonè* » ne sont pas évoqués : la foi, (« *pistis* »), l'assurance (« *parresia* ») et l'espérance (« *elpis* ») chrétiennes.

En effet chacun de ces thèmes, dans l'Épître aux Hébreux, nécessitera une étude trop longue pour le cadre limité de celle proposée dans ces pages. Toutefois, selon les opportunités contextuelles, chacune de ces notions a été effleurée. Car la « *hupomonè* », selon ces différentes nuances qu'elle évoque, s'exerce dans le cadre de la foi, étant soutenue par l'assurance et caractérisée par l'espérance, lesquelles déterminent la pérégrination chrétienne vers le repos de et en « celui qui doit venir ».

La « *hupomonè* » chrétienne a pour fondement la fidélité du Dieu qui a promis le salut et l'œuvre sacerdotale de Jésus qui réalise la promesse (10. 19-22). L'originalité doctrinale de l'Épître aux Hébreux, *la christologie sacerdotale du Fils de Dieu,* trouve son champ d'application dans la « *hupomonè* » du croyant. Celle-ci devient l'expression par excellence de sa piété, une forme de *culte permanant,* au Dieu fidèle et Sauveur. Accueillis dans l'Alliance éternelle (la meilleure alliance, l'alliance par le sang du Fils), les hommes et les femmes rachetés par le sang ont besoin de persévérance pendant leur voyage dont la destination est l'objet de promesse du Dieu fidèle.

L'auteur laisse donc de côté l'usage hellénistique du vocable « *hupomonè* » pour faire de son contenu une « vertu » chrétienne nécessaire pendant la pérégrination terrestre. Dans l'attente de la récompense céleste, le chrétien doit fixer ses regards sur Jésus, « *pisteôs arkhêgos kai teleiôtés* », (l'initiateur et le consommateur de la foi).

En effet, l'endurance de Jésus constitue le modèle même par excellence pour le croyant *en chemin*. Mais en plus, Jésus lui-même est celui qui doit venir (« *ho erkhomenos* ») pour combler la foi et l'espérance du chrétien encore en marche au milieu des contradictions et épreuves de ce monde. La persévérance chrétien ne prend ainsi les allures d'une véritable résistance bien sûr par rapport aux épreuves et aux persécutions mais aussi en face des ruses subtiles et des nouvelles coutumes imposées au travers des lois scélérates et immorales promulguées dans tous les pays du monde.

En effet, il est contradictoire, voire impossible de faire la volonté de Dieu (Hébreux 10.36) en cédant à toutes tentations et ruses de chaque époque. Parce que la foi « est une ferme assurance des choses qu'on espère, une démonstration de celle qu'on ne voit pas », elle doit se vivre dans l'accueil de ce que dit la Parole et dans la résistance et le rejet de ce qui est proposé ou imposé par la société qui ne craint pas Dieu. Vivre sans résistance au mal et à l'impiété proposés ou imposés, c'est céder, c'est capituler de sorte que la reculade conduise à fouler au pied le Fils de Dieu, c'est prendre pour profane le sang de l'Alliance, c'est outrager l'Esprit de la grâce. (10. 29). La foi authentique ne se résume pas dans une belle « confession de foi », elle est et doit aussi être résistance à deux faces : négative et positive ! Elle dit NON à ce qui éloigne de l'Alliance et dit OUI à ce dont, en Jésus-Christ, Dieu **est** capable dans le passé, dans le temps actuel et dans l'avenir soutenu par sa promesse :

> *C'est par la foi que nous connaissons que le monde a été formé par la parole de Dieu, en sorte que ce qu'on voit n'a pas été fait des choses visibles. [...] Or sans la foi il est impossible de lui [Dieu] être agréable ; car il faut que celui qui s'approche de Dieu croie que Dieu existe, et qu'il est le rémunérateur de ceux qui le cherchent.* (11.3,6)

Une lecture attentive du chapitre 11 qui définit la foi, indique sa nature et ses effets, montre à quoi elle conduit le croyant par à la rapport à la création, à Dieu et à sa réponse à la piété et à l'obéissance de l'homme, permet de voir comment les « héros et héroïnes » des la foi ont réellement appris à dire OUI au dessein de Dieu et NON aux pensées et préoccupations des hommes. C'est ainsi qu'ils ont reçu le témoignage d'être agréables à Dieu. La foi persévérante est une résistance ! Prenons un seul exemple dans cette série de témoignages, celui de Moïse. La foi persévérante faite d'assurance fut agissante dès sa naissance dans le chef de sa famille. Elle permit aux parents de Moïse de voir ce qu'Etienne dira devant ses bourreaux : « Il était beau aux yeux de Dieu » (Actes 7.20). Il ne s'agit de des critères humains d'une simple beauté physique. C'est qu'il devait prendre part au projet de Dieu, à son plan pour tout un peuple ! Cette foi lui fit dire NON aux prestiges, avantages et privilèges de prince d'Égypte. Selon le texte grec d'Exode 2.10, Moïse *renia* le titre et les honneurs de prince. Elle lui permit de voir l'Invisible (Celui qui est invisible) et de tenir ferme ! Les chrétiens sont appelés à avoir les yeux fixés sur l'Invisible, le Christ comme, par la foi Moïse a pu voir l'Invisible, Dieu, afin de tenir ferme devant les tentations des jouissances d'Égypte et devant la puissance de Pharaon. Par la foi, il dit OUI à Dieu et institua la Pâque, sans en saisir la signification plénière qui était dans le plan divin non seulement pour le salut des Juifs, esclaves en Égypte, mais aussi le rachat, la rédemption de « la multitude » de toute nation, tout peuple et toute langue ! La réalisation de ce plan fera dire Paul aux Chrétiens de Corinthe, plusieurs siècles l'Exode : *Christ est notre Pâque !* Toutes les nuances de la *hupomonè* (constance, endurance, fermeté, patience, persévérance et donc résistance) se retrouvent dans la foi, sa nature et ses effets selon ce texte :

> *Par la foi, Moïse, à sa naissance, fut caché pendant trois mois par son père et sa mère, parce qu'ils virent que c'était un bel enfant et qu'ils ne craignirent pas l'édit du roi. Par la foi, Moïse devenu grand, refusa d'être appelé fils d'une fille de Pharaon, choisissant plutôt d'être maltraité avec le peuple de Dieu que d'avoir la jouissance passagère due au péché ; estimant l'opprobre du Christ comme une richesse plus grande que les trésors de l'Égypte, car il avait les regards arrêtés sur la rémunération. Par la foi, il quitta l'Égypte, sans craindre la colère du roi ; car il tint ferme, comme voyant Celui qui est invisible. Par la foi, il institua la Pâque et l'aspersion du sang, afin que l'exterminateur des premiers-nés ne touchât pas les Israélites.* (Hébreux 11.23-28).

La « *hupomonè* » chrétienne navigue donc entre deux rivages : derrière se trouvent l'œuvre sacerdotale et l'exemple d'endurance du Christ, (10. 19-22 ; 12. 1-3), devant pointent comme l'horizon, la venue du Seigneur en gloire (la parousie) et la récompense promise par le Dieu fidèle (10. 35-39).

En outre, dans le présent, au milieu des ruses, épreuves et persécutions, la « *hupomonè* » s'exerce en comptant sur le secours du Grand Pasteur des brebis, du

Grand Souverain Sacrificateur et de l'Intercesseur miséricordieux envers les croyants, et digne de confiance et efficace devant Dieu, *juge de tous*, grâce à la croix qu'il a endurée (2. 16-18 ; 4. 14-16 ; 7. 24-26 ; 13. 20-21) :

- *Car ce n'est pas à des anges qu'il vient en aide, mais c'est à la descendance d'Abraham. Aussi devait-il en tous points se faire semblable à ses frères, afin de devenir un Souverain Sacrificateur miséricordieux en même temps qu'efficace et digne de confiance auprès de Dieu pour effacer les péchés du peuple ; Car ayant été éprouvé lui-même dans ce qu'il a souffert, il est en mesure de secourir ceux qui sont éprouvés.* (2. 16-18)

- *Ainsi, puisque nous avons un Grand Souverain Sacrificateur qui a traversé les cieux, Jésus, le Fils de Dieu, demeurons fermes dans la foi que nous professons. Car nous n'avons pas un Souverain Sacrificateur qui ne puisse pas compatir à nos faiblesses ; au contraire, il a été éprouvé comme nous en toutes choses sans commettre de péché. Approchons-nous donc avec assurance du trône de la grâce, afin d'obtenir miséricorde et de trouver grâce, pour être secourus dans nos besoins.* (4. 14-16)

- *Mais lui, parce qu'il demeure éternellement, possède un sacerdoce qui n'est pas transmissible. C'est aussi pour cela qu'il peut sauver parfaitement quiconque s'approche de Dieu par lui, étant toujours vivant pour intercéder en leur faveur. Il nous convenait, en effet, d'avoir un Souverain Sacrificateur comme lui, saint, innocent, sans tache, séparé des pécheurs, et plus élevé que les cieux, qui n'a pas besoin comme les souverains sacrificateurs, d'offrir chaque jour des sacrifices, d'abord pour ses propres péchés, ensuite pour ceux du peuple, car ceci, il l'a fait une fois pour toutes en s'offrant lui-même.* (7. 24-26)

- *Que le Dieu de paix, qui a ramené d'entre les morts le Grand Pasteur des brebis, par le sang d'une alliance éternelle, notre Seigneur Jésus, vous rende capables de toute bonne œuvre pour l'accomplissement de sa volonté, et fasse en vous ce qui lui est*

> *agréable, par Jésus-Christ, auquel soit la gloire aux siècles des siècles ! Amen !* (13. 20-21)

C'est à la lumière de ces extraits tirés des différentes sections de « la parole d'exhortation » adressée aux « Hébreux », que nous pouvons comprendre pourquoi l'auteur parle de la reculade (la dérobade, la défection, donc de l'apostasie) comme d'un mal sans remède : il l'a laissé entendre en commentant le Psaume 95 (Hébreux 3. 7 ; 4. 11). Mais c'est dans Hébreux 10. 26-31 (cf. 6. 4-8) qu'il le déclare plus explicitement en nourrissant sa pensée de l'Ancien Testament.

S'inspirant de bien des passages de Romains (6 et 8), de 2 Corinthiens (4), de Philippiens (3) … et des Évangiles synoptiques, la Deuxième Épître à Timothée s'accorde avec l'Épître aux Hébreux sur la radicalité des conséquences, récompense de la persévérance ou châtiment de la reculade-défection :

> *C'est pourquoi je supporte tout à cause des élus, afin qu'eux aussi obtiennent le salut qui est en Jésus-Christ, avec la gloire éternelle. Cette parole est certaine : Si nous sommes morts avec lui, nous vivrons aussi avec lui ; **si nous persévérons, nous régnerons aussi avec lui ; si nous le renions, lui aussi nous reniera** ; si nous sommes infidèles, il demeure fidèle, car il ne peut se renier lui-même.* (2 Timothée 2.10-13)[99]

Pour l'auteur de l'Épître aux Hébreux, sera plus grave le supplice de celui qui, après « avoir reçu la connaissance de la vérité », foule aux pieds le Fils de Dieu, tient pour profane le sang de la Nouvelle Alliance et outrage l'Esprit de grâce. Il ajoute ailleurs que sans la sanctification, personne ne verra le Seigneur (12. 14). Or, il n'y a pas lieu de parler de la sanctification d'un homme sans l'action première du Fils qui a accompli la purification des péchés (1.3), qui sanctifie ses frères (2.11) et qui, « élevé à la perfection, il est devenu pour tous ceux qui lui obéissent l'auteur d'un salut éternel » (5.9).

Quand on considère de près la manière dont l'auteur de l'Épître aux Hébreux argumente et souligne la nécessité de la « *hupomonè* » (avec toutes les acceptions possibles de ce terme) dans la pérégrination chrétienne victorieuse, on peut

---

[99] C'est nous qui soulignons.

conclure qu'elle est une vertu cardinale sans laquelle aucun pèlerin ne pourra atteindre la destination.

De même qu'un corps sans « résistance » aux éléments nocifs extérieurs ne peut survivre, ainsi en est-il de « l'être chrétien ». Comme nous l'avons dit, qu'il s'agisse d'un homme pris dans sa singularité individuelle ou d'un peuple formant une nation, « la résistance » demeure l'unique alternative en vue de la réalisation de soi et de la sauvegarde du temporel et de l'éternel.

Bibliographie

Textes

Biblia Hebraica Stuttgartensia (Stuttgart, D. B., 1977).
Septuaginta (Stuttgart, D. B., Stuttgart, 1982).
Novum Testamentum Graece, Nestle-Aland, 27th Ed. (Stuttgart, D.B., 2001).

Concordances et Dictionnaires

Arndt W. F. and Gingrich F. W., A Greek – English Lexicon oft he New Testament and Other Early Christian Literature, 2nd Ed., (Chicago and London, The University of Chicago Press1979).
Bailly, M.A., *Dictionnaire Grec-Français,* (Paris, Librairie Hachette, 1894).
Carrez M., et Morel F., *Dictionnaire Grec-Français,* 2ème Ed. revue et corrigée (Paris, Cerf, 1980).
Kittel G. *(sous dir.), Theological Dictionary of the New Testament,* traduit par G. W. Bromey (Grand Rapids Michigan, Erdmans Publishing Company, 1973).
Moulton W. F. (dir), A Concordance to the Greek Testament (Edinburgh, T § T. Clark, 1989).
Moulton H. K., *The Analytical Greek Lexicon Revised* (Michigan, Zondervan Publishing House, 1981).
Schmoller A. , *Concordantantlas Novi Testament Graeci* (Stuttgart ,1953).
Schmoller A. , *Handkonkordanz zum Griechischen Neuen Testament* (Stuttgart, D.B., 1982).

Monographies et Commentaires

Bénétreau S., *L'Epître aux Hébreux*, 2 Tomes, (Vaux-sur-Seine, EDIFAC, 1988, 1990).
Buchana G.W, *To the Hebrews,* col. The Anchor Bible (New York, Doubleday Company,1972).
Dussaut L., *Synope structurelle de l'Epître aux Hébreux,* (Paris, Ed. Cerf, 1984).

André P. *(sous dir), Les Ecrits de Saint Jean et l'Epître aux Hébreux,* (col. Petite Bibliothèque des Sciences Bibliques, Nouveau Testament, Vol.5 ; Paris, Desclée, 1984). Grelot
P., *Une lecture de l'épître aux Hébreux*, coll. Lire la Bible, (Paris, Cerf, 2003).
Herring J., *L'Epître aux Hébreux,* C.N.T. n°XII , (Paris - Neuchâtel , Delachaux et Niestlé,1954).
Hughes P.E. : *A Commentary on the Epistle to the Hebrews,* (Grand Rapids, William B. Erdmans Publishing Company, 1977).
Grelot P., *Une lecture de l'épître aux Hébreux* (Paris, Cerf, 2003).
Lenski R.C.H., *The Interpretation of the Epistle to the Hebrews and the Epistle of James (*Minneapolis, Augsbourg Publishing house, 1966).
Manson W., *The Epistle to the Hebrews.* A Historical and Theological Reconsideration (Edinburgh, 1950).
Medebielle A, *Epître aux Hébreux,* col. La Sainte Bible, sous dir. Pirot et Clamer, XII, (Paris, Letousez et Ané, 1951).
Menegoz E., *La théologie de l'Epître aux Hébreux* (Paris, 1984)
Metzger B.M. , *A Textual Commentary on the Greek New Testament* (London, U.B.S, 1971).
Moffat J., *Epistle to the Hebrews,* I.C.C (Edonburg, Ed. T. And T. Clark, 1924).
Robinson T.H., *The Epistle of the Hebrews,* col. The M.N.T.C. (London, Hodder and Stoughton, 1948).
Schnackenburg R. , *Le message moral du Nouveau Testament*   (Le Puy- Lyon- Paris : Ed. Xavier Mappus, 1963).
Spicq C., *Théologie Morale du Nouveau Testament,* Tome 1 (Paris : J.Gabalda et Cie, 1965).
Spicq C., *L'Epître aux Hébreux,* 2 Tomes (Paris, J. Gabalda et Cie 1952, 1953).
Stathmann H., *L'Epître aux Hébreux,* trad. Etienne Peyer, (Genève, Labor et Fides, 1971).
Vanhoye A., *La structure littéraire de l'Epître aux Hébreux* (Paris- Bruges, Desclée de Brouwer, 1976).
Vanhoye A., *Le message de l'Epître aux Hébreux,* col. Cahiers Évangile n°19, (Paris , Cerf, 1977).
Vischer W., *Le prophète Habaquq*, (Genève, Labor et Fides, 1959).

Articles

Andriessen P., « La Communauté des Hébreux était-elle tombée dans le relâchement ? » in *N.R.T*, 96/2, 1974, pp. 1055-1066.

Andriessen P., et Lenglet A., « Quelques passages difficiles de l'Epître aux Hébreux (5,7.11 ; 10,20 ; 12,2) » in *Biblica*, 51, 1970, pp. 212-214.

Andriessen P., « L'Eucharistie dans l'Epître aux Hébreux », in *N.R.T.*, 94,1972, pp. 269-277.

Bénétreau S., « La foi d'Abel, Hébreux 11:4 » in *E.T.R.*, 4, 1979, pp 623-630.

Caplston Ch. E, « Eschatology and Repentance in the Epistle to the Hebrews" in *J.B.L*, 78, 1959, pp. 296-302.

Coppens J, « Les affinités qumrâniennes de l'Epître aux Hébreux » in *N.R..T*, 84, 1962, pp.128-141, 257-282.

Dubaple A.M., « Rédacteur et destinataire de l'Epître aux Hébreux » in *R.B*, 1939, pp.506-529.

Festugière A.M., « *Hupomonè* » dans la Tradition grecque » in *Recherches de science religieuse*, 1931, pp.477-486.

Goguel M., « La doctrine de l'impossibilité de la seconde conversion de l'Epître aux Hébreux » in *Annuaire de l'Ecole Pratique des Hautes Etudes,* Paris, 1931, pp 3-38.

Spicq C., « *Hupomonè , patienta* », in *Rev. Des sciences philosophiques et théologiques,* 1930, pp. 95-106.

Thomas K.J. : « The Old Testament citations in Hebrews » in *N.T.S,* XI, 1964, p.303-305.

Van der Ploeg J., « L'exégèse de l'Ancien Testament dans l'Epître aux Hébreux », in *R.B,* 54, 1947, pp.184-228.

Vanhoye A. : « Longue marche ou accès tout proche ? Le contexte biblique de Hébreux 3,7-4,11 » in *Biblica,* 49/1, 1968 pp.9ss.

Vanhoye A. : « La structure centrale de l'Epître aux Hébreux » in *Recherches de Sciences Religieuse,* 47, 1955, pp.44-60.

Table des matières

Titre	1
Quelques publications de l'auteur	2
Dédicace	3
Interpellation	4
Introduction	5
Chapitre 1 :	15
Hupomonè dans le monde grec et dans la Bible	15
1.1 *Hupomonè* dans le monde grec	15
1.2 *Hupomonè* dans la Bible	16
Chapitre 2 :	23
Une herméneutique midrashique en vue d'une Parole actualisée	23
Chapitre 3 :	33
Relecture de l'Écriture Sainte dans l'Épître aux Hébreux	33
Chapitre 4 :	41
Le Messie confessé par les « Hébreux »	41
4.1 Fils, Fils de Dieu	45
4.2 Christ	48
4.3 Grand Souverain Sacrificateur	50
4.4 Médiateur	52
4.5 Roi	55
4.6 Seigneur	55
4.7 Grand Pasteur	57

Chapitre 5 :	59
L'Alliance des « Hébreux »	59
	61
Chapitre 6 :	66
Double fondement de la *hupomonè* chrétienne	66
6.1 L'œuvre sacerdotale de Jésus-Christ	66
6.2 La fidélité de Dieu	70
Chapitre 7 :	76
Avertissement contre le manque de la *hupomonè*	76
Chapitre 8 :	86
Récompense de la *hupomonè*	86
Chapitre 9 :	92
Hupomonè dans la perspective eschatologique	92
Chapitre 10 :	99
L'exemplarité de la *hupomonè* du Christ	99
Conclusion	106
Bibliographie	106
Table des matières	109

Oui, je veux morebooks!

i want morebooks!

Buy your books fast and straightforward online - at one of world's fastest growing online book stores! Environmentally sound due to Print-on-Demand technologies.

Buy your books online at
www.get-morebooks.com

Achetez vos livres en ligne, vite et bien, sur l'une des librairies en ligne les plus performantes au monde!
En protégeant nos ressources et notre environnement grâce à l'impression à la demande.

La librairie en ligne pour acheter plus vite
www.morebooks.fr

 VDM Verlagsservicegesellschaft mbH
Heinrich-Böcking-Str. 6-8   Telefon: +49 681 3720 174   info@vdm-vsg.de
D - 66121 Saarbrücken   Telefax: +49 681 3720 1749   www.vdm-vsg.de

www.ingramcontent.com/pod-product-compliance
Lightning Source LLC
Chambersburg PA
CBHW020807160426
43192CB00006B/470